Wir machen mit!

Eine Einführung in die Kommunalpolitik

Impressum: Frank Kemper, Schmelztalstr. 6, 53809 Ruppichteroth (2025)

Einleitung:

Motivation: Warum dieses Buch? Kommunalpolitik betrifft jeden und Mitmachen ist wichtig.

Hand aufs Herz: Wann hast du das letzte Mal über Kommunalpolitik nachgedacht? Vielleicht als du dich über das Schlagloch in deiner Straße geärgert hast? Als die Kita-Gebühren erhöht wurden? Oder als über den Bau der neuen Umgehungsstraße diskutiert wurde? Siehst du – Kommunalpolitik ist nichts Abstraktes, das irgendwo weit weg in Rathäusern oder Kreishäusern stattfindet. Sie passiert direkt vor deiner Haustür. Jeden Tag.

Die Entscheidungen, die im Gemeinderat, im Stadtrat oder im Kreistag getroffen werden, formen ganz unmittelbar dein Lebensumfeld: Wie sehen unsere Schulen aus? Wo können neue Wohnungen gebaut werden? Wie oft fährt der Bus? Gibt es genug Spielplätze für die Kinder? Wird das örtliche Schwimmbad saniert? All das und noch viel mehr wird hier vor Ort entschieden. Es geht um deine Interessen, um dein Dorf, deine Stadt, deinen Kreis.

Vielleicht denkst du jetzt: „Das ist ja alles schön und gut, aber was kann ich da schon machen?" oder „Das ist doch alles viel zu kompliziert, da blicke ich eh nicht durch!" Oder vielleicht bist du frustriert, weil du das Gefühl hast, „die da oben" machen sowieso, was sie wollen?

Genau hier setzt dieses Buch an. Weil ich aus eigener Erfahrung weiß – als langjähriges Ratsmitglied in Ruppichteroth und Kreistagsmitglied im Rhein-Sieg-Kreis – dass diese Gefühle weit verbreitet sind. Aber ich weiß auch: Mitmachen ist möglich und oft einfacher, als du denkst!

Dieses Buch soll dein persönlicher Wegweiser sein, eine Art „Werkzeugkasten" für den Einstieg in die Kommunalpolitik hier bei uns in Nordrhein-Westfalen. Es will dir zeigen, welche Möglichkeiten du hast, dich einzubringen – auch ohne gleich einer Partei beitreten zu müssen. Es will dir die Strukturen und Abläufe verständlich machen, die manchmal wie ein undurchdringlicher Dschungel wirken. Und es will dich vor allem ermutigen: Wir machen mit!

Klar, wir werden auch über die Hürden sprechen. Zum Beispiel darüber, dass die knappen Finanzen vieler Kommunen den Handlungsspielraum oft stark einschränken. Aber gerade deshalb ist es wichtig, dass sich möglichst viele Menschen beteiligen, ihre Ideen einbringen und gemeinsam nach Lösungen suchen.

Dieses Buch ist für alle gedacht, die nicht länger nur meckern oder resignieren wollen, sondern bereit sind, selbst aktiv zu werden und ihr direktes Lebensumfeld mitzugestalten. Lass uns gemeinsam entdecken, wie das geht!

Entmystifizierung: Die Hürden sind niedriger, als viele glauben.

Okay, vielleicht denkst du immer noch: „Das klingt ja gut, aber Kommunalpolitik ist doch dieses komplizierte Ding mit den ganzen Paragrafen, den undurchsichtigen Ausschüssen und den Leuten, die schon ewig dabei sind. Wo soll ich da denn anfangen?"

Stopp! Genau diese Vorstellung ist oft die größte Hürde – die im Kopf. Lass uns mal ein paar dieser Mythen entzaubern:

„Dafür muss man doch Experte sein!" – Falsch!

Du musst kein Jurist oder Verwaltungsprofi sein, um dich einzumischen. Gesunder Menschenverstand, Lebenserfahrung und die Bereitschaft, dich in ein Thema einzuarbeiten, das dich interessiert, reichen oft völlig aus. Niemand im Rat ist Experte für alles. Dafür gibt es ja auch die Fachleute in der Verwaltung, die zuarbeiten. Wichtiger ist dein Blick als Bürger, deine Perspektive aus dem Alltag.

„Was kann ich allein schon tun?"

Ein weiterer Punkt, der oft abschreckt, ist das Gefühl, allein oder mit nur wenigen Leuten nichts ausrichten zu können – 'Was können wir zwei, drei denn schon gegen die etablierte Politik oder die Verwaltung tun?'. Doch gerade in der Kommunalpolitik, insbesondere in kleineren Städten und Gemeinden, sieht die Realität oft anders aus! Die Wege sind kürzer, die Themen überschaubarer und die Anzahl der Akteure geringer als auf Landes- oder Bundesebene. Oft reichen tatsächlich schon zwei oder drei gut informierte, hartnäckige und engagierte Personen aus, um Themen auf die Tagesordnung zu setzen, Debatten anzustoßen und die lokale Politik maßgeblich mitzugestalten. Wenn ihr die Werkzeuge nutzt, die wir besprechen, gut vorbereitet seid und dranbleibt, könnt ihr erstaunlich viel Einfluss nehmen. Ihr braucht keine Massenbewegung, um lokal etwas zu bewegen!

„Man muss doch in einer Partei sein!" – Nein!

Natürlich kannst du dich einer Partei anschließen, aber du musst es nicht, um mitzumachen. Viele wichtige Instrumente stehen allen Bürgerinnen und Bürgern offen, ganz egal, ob sie ein Parteibuch haben oder nicht. Das Recht, Anregungen einzubringen (§ 24 Gemeindeordnung / § 21 Kreisordnung NRW) oder Fragen zu stellen, gilt für jeden. Später schauen wir uns auch an, wie man sich ohne Partei organisieren kann, z.B. in Wählergemeinschaften.

„Das kostet doch unendlich viel Zeit!" – Jein.

Ja, politisches Engagement braucht Zeit, keine Frage. Aber wie viel Zeit du investierst, bestimmst du selbst! Es gibt einen riesigen Unterschied zwischen dem Besuch einer einzelnen Ausschusssitzung, die dich interessiert, und einer vollen Mitgliedschaft im Rat mit Fraktionssitzungen und allem Drum und Dran. Du kannst klein anfangen: eine E-Mail schreiben, eine Online-Petition unterstützen, zu einer Bürgerversammlung gehen.

Der Einstieg muss kein Vollzeitjob sein.

„Da hört einem ja doch keiner zu!" – Nicht unbedingt.

Zugegeben, nicht jede Idee wird sofort umgesetzt und manchmal muss man dicke Bretter bohren. Aber es gibt feste Regeln und Verfahren, die sicherstellen, dass Anliegen von Bürgerinnen und Bürgern behandelt werden müssen (wie eben die erwähnten Anregungen). Öffentliche Sitzungen bieten die Chance, direkt mit Politikern und der Verwaltung ins Gespräch zu kommen. Oft sind die Kommunalpolitiker froh über Input und neue Perspektiven von außen – auch wenn sie es vielleicht nicht immer sofort zeigen.

„Man muss die richtigen Leute kennen!"

Kontakte schaden nie, das ist klar. Aber die grundlegenden demokratischen Mitwirkungsrechte stehen dir unabhängig von deinem Netzwerk zu. Die Tür zum Rathaus oder Kreishaus steht – zumindest im übertragenen Sinne und oft auch buchstäblich bei öffentlichen Sitzungen – für alle offen.

Die Wahrheit ist:

Viele Wege in die Kommunalpolitik sind erstaunlich unbürokratisch. Die erste Hürde ist oft nicht das Regelwerk, sondern die eigene Scheu, den ersten Schritt zu wagen. Dieses Buch will dir dabei helfen, diese Scheu zu überwinden, indem es dir zeigt, wie die Dinge funktionieren und wo du ganz konkret ansetzen kannst. Du wirst sehen: Vieles ist einfacher und zugänglicher, als du vielleicht bisher dachtest.

Zielsetzung: Eine parteiunabhängige Anleitung und Ermutigung zum Engagement in der Kommunalpolitik.

Was genau kannst du also von diesem Buch erwarten? Was ist das Ziel?

Ganz einfach: Dieses Buch soll deine parteiunabhängige Anleitung und Ermutigung für den Einstieg in die Kommunalpolitik hier bei uns in Nordrhein-Westfalen sein.

Parteiunabhängig heißt: Mir geht es nicht darum, dich für eine bestimmte politische Richtung oder Partei zu gewinnen – auch wenn ich selbst politisch aktiv bin, wie du später noch erfahren wirst. Der Fokus liegt auf den Instrumenten, den Strukturen und den Möglichkeiten, die allen Bürgerinnen und Bürgern in NRW zur Verfügung stehen. Egal, ob du dich einer Partei zugehörig fühlst, mit einer sympathisierst oder eben auch gar keiner. Die Werkzeuge der lokalen Demokratie – von der einfachen Anregung bis zur Kandidatur für ein Amt – sind grundsätzlich für jeden da. Wir schauen uns an, wie sie funktionieren, nicht, für wen du sie einsetzen sollst.

Anleitung bedeutet: Du bekommst hier praktisches Wissen an die Hand. Wir klären Fragen wie:

- Wer ist eigentlich wofür zuständig in meiner Gemeinde oder meinem Kreis?
- Wo finde ich die wichtigen Informationen (Tagesordnungen, Protokolle, Satzungen)?
- Wie kann ich ganz konkret eine Anregung nach § 24 Gemeindeordnung oder § 21 Kreisordnung einbringen?
- Was muss ich tun, wenn ich als "Sachkundiger Bürger" mitarbeiten möchte?
- Wie funktionieren Wahlen auf kommunaler Ebene?
- Wie schreibe ich eine Pressemitteilung oder organisiere eine kleine Veranstaltung? Dieses Buch will dir das nötige Rüstzeug geben, um dich zurechtzufinden und loslegen zu können.

Ermutigung heißt: Ich möchte dir die oft unnötige Scheu vor dem politischen Betrieb nehmen. Dir zeigen, dass dein Engagement zählt und dass du etwas bewirken kannst. Es soll dich motivieren, den ersten Schritt zu tun – oder den nächsten, falls du schon erste Erfahrungen gesammelt hast. Ganz im Sinne unseres Titels: Wir machen mit!

Natürlich ist dieses Buch keine Garantie für den Erfolg jeder deiner Initiativen. Politisches Engagement braucht oft Geduld, manchmal Kompromissbereitschaft und sicher auch ein gewisses Maß an Frustrationstoleranz, gerade wenn die kommunalen Kassen leer sind. Aber dieses Buch gibt dir das Wissen und die Werkzeuge, um deine Chancen zu erhöhen, gehört zu werden und etwas zu bewegen.

Kurz gesagt: Das Ziel ist, dich fit zu machen für die Kommunalpolitik in NRW – egal, auf welcher Stufe du einsteigen möchtest.

Kurzvorstellung des Autors: Frank Kemper

Wer schreibt hier eigentlich? Und warum glaube ich, dir etwas Sinnvolles über den Einstieg in die Kommunalpolitik erzählen zu können?

Mein Name ist Frank Kemper, und ich bin sozusagen mittendrin statt nur dabei – und das schon eine ganze Weile. Ich lebe hier in Ruppichteroth im schönen Rhein-Sieg-Kreis. Seit 2009, also (Stand 2025) seit über 15 Jahren, gehöre ich dem Rat meiner Heimatgemeinde Ruppichteroth an. Fünf Jahre war ich davon auch Fraktionsvorsitzender. Hier erlebe ich tagtäglich hautnah, wie Kommunalpolitik gemacht wird, wo es hakt und wo man etwas bewegen kann.

Zusätzlich bin ich seit 2014 – also auch schon über 10 Jahre – Mitglied im Kreistag des Rhein-Sieg-Kreises, von denen ich mehrere Jahre auch hier als Fraktionsvorsitzender aktiv war. Dadurch kenne ich auch die Perspektive der übergeordneten Ebene, die für viele Aufgaben zuständig ist, die eine einzelne Gemeinde nicht allein stemmen kann.

Aber die Kommunalpolitik ist nicht nur mein Ehrenamt. Ich habe auch über zehn Jahre lang für verschiedene Abgeordnete des Deutschen Bundestages gearbeitet und dort als Mitarbeiter schwerpunktmäßig den Bereich Kommunalpolitik betreut. Ich kenne also auch die Verbindungen zwischen der "großen" Politik in Berlin und dem, was bei uns vor Ort ankommt und entschieden wird. Aktuell arbeite ich hauptberuflich für das Bündnis Sahra Wagenknecht (BSW), wo ich mich mit dem Parteiaufbau beschäftige.

Politisch war ich lange Jahre für Die Linke aktiv, bevor ich vor einigen Jahren zum BSW gewechselt bin. Du siehst, ich habe verschiedene Stationen durchlaufen und unterschiedliche Perspektiven kennengelernt. Aber – und das ist mir für dieses Buch ganz wichtig, wie schon gesagt – die Inhalte hier sind parteiunabhängig. Es geht um das Handwerkszeug, die Regeln und die Möglichkeiten, die allen offenstehen.

Ich habe in all den Jahren unzählige Sitzungen erlebt, Anträge geschrieben, Diskussionen geführt, Erfolge gefeiert und auch Niederlagen einstecken müssen. Ich weiß, wie es sich anfühlt, wenn man als Neuling startet und vor einem Berg von Informationen steht. Genau diese gesammelten Erfahrungen – aus der Praxis für die Praxis – möchte ich in diesem Buch mit dir teilen, um dir den Einstieg zu erleichtern und dich zu ermutigen, selbst aktiv zu werden.

Teil 1: Die Grundlagen verstehen

So, die erste Motivation ist da und die größten Schreckgespenster sind hoffentlich vertrieben! Jetzt fragst du dich sicher: Wie fange ich denn nun konkret an? Wo setze ich an, wenn ich mich einmischen will?

Ganz ruhig! Bevor wir uns in die verschiedenen Werkzeuge und Strategien stürzen, mit denen du aktiv werden kannst, müssen wir erst einmal das Spielfeld verstehen. Denn nur wer weiß, wie das Spiel funktioniert, wer mitspielt und nach welchen Regeln gespielt wird, kann auch erfolgreich mitmischen.

Deshalb legen wir in diesem ersten Teil des Buches gemeinsam das Fundament. Wir schauen uns ganz grundlegend an:

- Was genau ist eigentlich Kommunalpolitik? Worum geht es da überhaupt und warum betrifft es dich viel direkter, als du vielleicht denkst?

- Wer sind die Akteure hier bei uns in NRW? Wir lernen die wichtigsten Spieler kennen – vom Gemeinderat über den Bürgermeister bis hin zur Verwaltung und dem Kreistag. Und wir werfen einen ehrlichen Blick darauf, welche Rolle die oft knappen Finanzen dabei spielen.

- Was sind die wichtigsten Spielregeln? Keine Sorge, wir wälzen keine Gesetzbücher, aber ein Blick in die Gemeindeordnung (GO) und die Kreisordnung (KrO) muss sein, damit du weißt, was geht und was nicht. Auch die lokalen Regeln wie Satzungen schauen wir uns an.

- Woher bekomme ich verlässliche Informationen? Wir zeigen dir, wie du an Tagesordnungen, Protokolle und Beschlüsse kommst und warum öffentliche Sitzungen eine super Informationsquelle sind.

Das klingt jetzt vielleicht ein bisschen nach Theorieunterricht, aber dieses Grundwissen ist absolut entscheidend. Es ist die Basis für alles Weitere. Wenn du verstehst, wer wofür zuständig ist und wie Entscheidungen zustande kommen, kannst du viel gezielter und effektiver handeln. Du weißt dann, an wen du dich wenden musst, welche Argumente zählen und wo du Informationen findest, um deine Anliegen zu untermauern.

Aber keine Angst, wir halten es praktisch und verständlich. Ziel dieses Teils ist es, dir einen klaren Überblick zu verschaffen, damit du dich sicher fühlst, wenn wir uns später den konkreten Werkzeugen für dein Engagement widmen.

Legen wir also los mit der Basis: Was ist Kommunalpolitik überhaupt?

Was ist Kommunalpolitik überhaupt?

Kommunalpolitik – das Wort klingt vielleicht erstmal ein bisschen sperrig oder weit weg. Aber im Grunde ist es ganz einfach: Kommunalpolitik ist die Politik, die sich um die Angelegenheiten direkt bei dir vor Ort kümmert. Es geht um deine unmittelbare Nachbarschaft, dein Dorf, deine Stadt, deinen Kreis.

Das ist keine Nebensächlichkeit, sondern ein Grundpfeiler unserer Demokratie. Das Grundgesetz (Artikel 28) garantiert den Gemeinden und Kreisen sogar das Recht auf kommunale Selbstverwaltung. Das heißt, sie dürfen und sollen ihre eigenen Angelegenheiten im Rahmen der Gesetze selbst regeln und gestalten. Und genau das ist Kommunalpolitik: Die Ausgestaltung dieses Selbstverwaltungsrechts durch gewählte Vertreterinnen und Vertreter (im Rat oder Kreistag) und die Verwaltung (mit dem Bürgermeister oder Landrat an der Spitze).

Welche Themen werden auf kommunaler Ebene entschieden?

Okay, aber was bedeutet "eigene Angelegenheiten" ganz konkret? Du wirst staunen, wie viel von dem, was deinen Alltag bestimmt, auf kommunaler Ebene entschieden wird. Hier nur eine kleine Auswahl an Beispielen:

- **Deine Wege:** Ist die Straße vor deiner Tür voller Schlaglöcher? Braucht es einen neuen Radweg? Funktionieren die Straßenlaternen? Wird der Gehweg im Winter geräumt? – Kommunalpolitik.
- Deine Kinder: Gibt es genug Kita-Plätze und was kosten sie? Wie ist die örtliche Grundschule ausgestattet? Wo ist der nächste sichere Spielplatz? – Kommunalpolitik.
- **Dein Zuhause:** Wo dürfen neue Häuser gebaut werden? Wie hoch dürfen sie sein? Wo wird ein neues Gewerbegebiet geplant, das vielleicht Lärm verursacht oder Arbeitsplätze schafft? – Kommunalpolitik (Bauleitplanung).
- **Deine Umwelt:** Wann wird der Müll abgeholt und wie funktioniert die Mülltrennung? Wie steht es um den Lärmschutz oder die Luftqualität? Wer kümmert sich um die Pflege der Parks und Grünanlagen? – Kommunalpolitik.
- **Deine Freizeit:** Kannst du ins örtliche Schwimmbad gehen? Ist die Turnhalle für den Sportverein nutzbar? Gibt es eine Bücherei oder eine Volkshochschule mit interessanten Kursen? Werden lokale Feste unterstützt? – Kommunalpolitik.
- **Deine Sicherheit:** Ist die örtliche Feuerwehr gut ausgerüstet? Sorgt das Ordnungsamt für Sicherheit und Sauberkeit auf Straßen und Plätzen? – Kommunalpolitik.

- **Deine Finanzen:** Wie hoch ist die Grundsteuer für dein Haus oder deine Wohnung? Wie hoch ist die Hundesteuer? Welche Gebühren fallen für Abwasser oder Müll an? – Kommunalpolitik.

Du siehst: Von A wie Abwasser bis Z wie Zoo (wenn deine Stadt / Gemeinde einen hat) – die Bandbreite ist riesig und die Entscheidungen haben direkte Auswirkungen auf dein tägliches Leben.

Warum ist Engagement hier besonders wirkungsvoll?

Genau weil Kommunalpolitik so nah dran ist, ist dein Engagement hier oft besonders wirkungsvoll. Warum?

- Direkte Betroffenheit: Die Entscheidungen spürst du unmittelbar in deinem Alltag. Das motiviert und macht den Sinn des Engagements sehr greifbar.
- Überschaubarkeit: Die Themen sind oft konkreter und weniger abstrakt als in der Landes- oder Bundespolitik. Es geht um den Spielplatz um die Ecke, nicht um internationale Handelsabkommen.
- Erreichbarkeit: Die verantwortlichen Politikerinnen und Politiker wohnen oft im selben Ort wie du. Du triffst sie vielleicht beim Einkaufen oder auf dem Schützenfest. Die Wege zur Kontaktaufnahme sind meist kürzer, die Verwaltung ist (zumindest in kleineren Kommunen) oft leichter zugänglich.
- Sichtbare Ergebnisse: Wenn der neue Radweg gebaut wird, für den du dich eingesetzt hast, siehst du das Ergebnis direkt vor deiner Haustür. Das schafft Erfolgserlebnisse.
- Basis der Demokratie: Kommunalpolitik ist die Schule der Demokratie. Hier lernen Bürgerinnen und Bürger, aber auch Politikerinnen und Politiker, wie demokratische Prozesse funktionieren, wie man diskutiert, Kompromisse findet und Verantwortung übernimmt.

Auch wenn, wie wir später noch sehen werden, nicht alles Wünschenswerte immer umsetzbar ist (Stichwort Finanzen!), so ist die Kommune doch der Ort, an dem du am direktesten Einfluss auf die Gestaltung deines Lebensumfeldes nehmen kannst. Und genau deshalb lohnt es sich, hier genauer hinzuschauen und mitzumachen.

Das Spielfeld:

Kommunale Strukturen in Deutschland: Ein Bundesländervergleich

Deutschland ist ein föderaler Staat, was bedeutet, dass die politische Macht zwischen dem Bund, den Ländern und den Kommunen aufgeteilt ist. Die Kommunen spielen eine entscheidende Rolle bei der Verwaltung und Gestaltung des lokalen Lebens. Jedes der 16

Bundesländer hat seine eigenen Gesetze und Regelungen für die Kommunalverwaltung, was zu einer Vielfalt von Strukturen und Zuständigkeiten führt. Diese Zusammenfassung gibt einen Überblick über die wesentlichen Unterschiede und Gemeinsamkeiten der Kommunalstrukturen in den einzelnen Bundesländern.

Grundlagen der Kommunalverfassung

Das Grundgesetz garantiert den Kommunen das Recht auf Selbstverwaltung. Dies bedeutet, dass sie ihre eigenen Angelegenheiten im Rahmen der Gesetze eigenverantwortlich regeln können. Die konkrete Ausgestaltung der Kommunalverfassung ist jedoch Ländersache. Daher gibt es in jedem Bundesland eigene Gemeindeordnungen und Landkreisordnungen.

Kommunale Ebenen

Die kommunale Ebene in Deutschland ist in der Regel dreigliedrig:

- Gemeinden: Sie bilden die unterste Ebene und sind für die lokalen Angelegenheiten zuständig.
- Landkreise: Sie sind für überörtliche Aufgaben zuständig, die die Leistungsfähigkeit der einzelnen Gemeinden übersteigen.
- Höhere Kommunalverbände: In einigen Ländern gibt es noch eine dritte Ebene, die für spezielle Aufgaben zuständig ist.

Unterschiede in den Bundesländern

Obwohl die Grundstruktur ähnlich ist, gibt es erhebliche Unterschiede in der Art und Weise, wie die Kommunen organisiert sind und welche Aufgaben sie wahrnehmen.

Baden-Württemberg

- Struktur: Gemeinden, Stadtkreise (kreisfreie Städte), Landkreise, Regionalverbände.
- Besonderheiten: Starke Stellung des Bürgermeisters,

Verwaltungsgemeinschaften zur Zusammenarbeit kleinerer Gemeinden.

- Aufgaben: Gemeinden sind für lokale Angelegenheiten zuständig, Landkreise für überörtliche Aufgaben, Stadtkreise übernehmen beide Aufgaben.

Bayern

- Struktur: Gemeinden, kreisfreie Städte, Landkreise, Bezirke (höhere Kommunalverbände).
- Besonderheiten: Dreistufige Struktur, Verwaltungsgemeinschaften zur Unterstützung kleinerer Gemeinden, Bezirke mit speziellen sozialen und kulturellen Aufgaben.
- Aufgaben: Gemeinden sind für lokale Angelegenheiten zuständig, Landkreise für überörtliche Aufgaben, Bezirke für spezielle Aufgaben.

Berlin

- Struktur: Stadtstaat, Bezirke als Verwaltungseinheiten.
- Besonderheiten: Keine Trennung zwischen Land und Kommune, Bezirke mit begrenzten Selbstverwaltungsrechten.
- Aufgaben: Das Land Berlin nimmt alle Aufgaben wahr, die Bezirke sind für lokale Verwaltungsaufgaben zuständig.

Brandenburg

- Struktur: Gemeinden, kreisfreie Städte, Landkreise, Ämter (Verwaltungsverbände).
- Besonderheiten: Ämter zur Verwaltung kleinerer Gemeinden, starke Stellung der Amtsdirektoren.
- Aufgaben: Gemeinden sind für lokale Angelegenheiten zuständig, Ämter für die Verwaltung amtsangehöriger Gemeinden, Landkreise für überörtliche Aufgaben.

Bremen

- Struktur: Stadtstaat, zwei Gemeinden (Bremen und Bremerhaven).
- Besonderheiten: Bremen ohne eigene Kommunalverwaltung, Bremerhaven mit eigener Verfassung und Magistrat.
- Aufgaben: Das Land Bremen nimmt alle Aufgaben in Bremen wahr, Bremerhaven hat eine eigene Kommunalverwaltung.

Hamburg

- Struktur: Stadtstaat, Bezirke als Verwaltungseinheiten.
- Besonderheiten: Keine Trennung zwischen Land und Kommune, Bezirke mit begrenzten Selbstverwaltungsrechten.
- Aufgaben: Das Land Hamburg nimmt alle Aufgaben wahr, die Bezirke sind für lokale Verwaltungsaufgaben zuständig.

Hessen

- Struktur: Gemeinden, kreisfreie Städte, Landkreise, Landeswohlfahrtsverband (höherer Kommunalverband).
- Besonderheiten: Magistratsverfassung, Landeswohlfahrtsverband für soziale Aufgaben.
- Aufgaben: Gemeinden sind für lokale Angelegenheiten zuständig, Landkreise für überörtliche Aufgaben, der Landeswohlfahrtsverband für spezielle soziale Aufgaben.

Mecklenburg-Vorpommern

- Struktur: Gemeinden, kreisfreie Städte, Landkreise, Ämter (Verwaltungsverbände).
- Besonderheiten: Ämter zur Verwaltung kleinerer Gemeinden, große Landkreise.
- Aufgaben: Gemeinden sind für lokale Angelegenheiten zuständig, Ämter für die Verwaltung amtsangehöriger Gemeinden, Landkreise für überörtliche Aufgaben.

Niedersachsen

- Struktur: Gemeinden, kreisfreie Städte, Landkreise, Region Hannover (Kommunalverband besonderer Art), Samtgemeinden (Verwaltungsverbände).
- Besonderheiten: Vielfalt von Gemeindearten, Samtgemeinden zur Verwaltung kleinerer Gemeinden, Region Hannover mit Sonderstatus.
- Aufgaben: Gemeinden sind für lokale Angelegenheiten zuständig, Samtgemeinden für die Verwaltung ihrer Mitgliedsgemeinden, Landkreise für überörtliche Aufgaben, Region Hannover für spezielle regionale Aufgaben.

Nordrhein-Westfalen

- Struktur: Gemeinden, kreisfreie Städte, Kreise, Landschaftsverbände (höhere Kommunalverbände).
- Besonderheiten: Keine Ämter oder Verbandsgemeinden, Landschaftsverbände für spezielle soziale und kulturelle Aufgaben.
- Aufgaben: Gemeinden sind für lokale Angelegenheiten zuständig, Kreise für überörtliche Aufgaben, Landschaftsverbände für spezielle Aufgaben.

Rheinland-Pfalz

- Struktur: Ortsgemeinden, Verbandsgemeinden (Verwaltungsverbände), kreisfreie Städte, Landkreise, Bezirksverband Pfalz (höherer Kommunalverband).
- Besonderheiten: Starke Rolle der Verbandsgemeinden, Bezirksverband Pfalz mit speziellen Aufgaben.
- Aufgaben: Ortsgemeinden sind für lokale Angelegenheiten zuständig, Verbandsgemeinden für die Verwaltung ihrer Mitgliedsgemeinden und bestimmte Aufgaben, Landkreise für überörtliche Aufgaben, der Bezirksverband Pfalz für spezielle Aufgaben.

Saarland

- Struktur: Gemeinden, Regionalverband Saarbrücken (Kommunalverband besonderer Art).
- Besonderheiten: Keine Landkreise, Regionalverband Saarbrücken mit Sonderstatus.
- Aufgaben: Gemeinden sind für lokale Angelegenheiten zuständig, der Regionalverband Saarbrücken für überörtliche Aufgaben.

Sachsen

- Struktur: Gemeinden, kreisfreie Städte, Landkreise, Verwaltungsgemeinschaften (Verwaltungsverbände).
- Besonderheiten: Verwaltungsgemeinschaften zur Unterstützung kleinerer Gemeinden.
- Aufgaben: Gemeinden sind für lokale Angelegenheiten zuständig, Verwaltungsgemeinschaften für die Verwaltung ihrer Mitgliedsgemeinden, Landkreise für überörtliche Aufgaben.

Sachsen-Anhalt

- Struktur: Gemeinden, kreisfreie Städte, Landkreise, Verbandsgemeinden (Verwaltungsverbände).
- Besonderheiten: Verbandsgemeinden zur Verwaltung kleinerer Gemeinden.
- Aufgaben: Gemeinden sind für lokale Angelegenheiten zuständig, Verbandsgemeinden für die Verwaltung ihrer Mitgliedsgemeinden, Landkreise für überörtliche Aufgaben.

Schleswig-Holstein

- Struktur: Gemeinden, kreisfreie Städte, Kreise, Ämter (Verwaltungsverbände).
- Besonderheiten: Ämter zur Verwaltung kleinerer Gemeinden.
- Aufgaben: Gemeinden sind für lokale Angelegenheiten zuständig, Ämter für die Verwaltung amtsangehöriger

Gemeinden, Kreise für überörtliche Aufgaben.

Thüringen

- Struktur: Gemeinden, kreisfreie Städte, Landkreise, Verwaltungsgemeinschaften (Verwaltungsverbände).
- Besonderheiten: Verwaltungsgemeinschaften zur Unterstützung kleinerer Gemeinden.
- Aufgaben: Gemeinden sind für lokale Angelegenheiten zuständig, Verwaltungsgemeinschaften für die Verwaltung ihrer Mitgliedsgemeinden, Landkreise für überörtliche Aufgaben.

Unterschiede zwischen kreisangehörigen Kommunen, kreisfreien Städten und Kreisen

Das politische System der Bundesrepublik Deutschland ist durch einen ausgeprägten Föderalismus gekennzeichnet, der sich in drei Ebenen gliedert: Bund, Länder und Kommunen. Die Kommunen bilden die unterste Ebene und sind für die Verwaltung und Gestaltung des unmittelbaren Lebensumfelds der Bürger zuständig. Innerhalb dieser kommunalen Ebene gibt es verschiedene Typen von Gebietskörperschaften, die jeweils unterschiedliche Aufgaben und Verantwortlichkeiten tragen. Zu den wichtigsten zählen kreisangehörige Kommunen, kreisfreie Städte und Kreise. Diese Zusammenfassung erläutert die wesentlichen Unterschiede zwischen diesen drei Ebenen.

Kreisangehörige Kommunen

Kreisangehörige Kommunen bilden den Regelfall der Gemeinden in den Flächenländern Deutschlands. Sie sind Teil eines Landkreises (oder Kreises) und teilen sich die Aufgabenwahrnehmung mit diesem. Ihre Größe und Leistungsfähigkeit können stark variieren, von kleinen Dörfern mit wenigen hundert Einwohnern bis hin zu größeren Städten.

Aufgaben und Zuständigkeiten

Kreisangehörige Kommunen sind primär für die "Angelegenheiten der örtlichen Gemeinschaft" zuständig, wie es im Grundgesetz Artikel 28 Absatz 2 formuliert ist. Dazu gehören:

- **Freiwillige Aufgaben**: Diese Aufgaben werden von der Kommune eigenverantwortlich entschieden und gestaltet. Beispiele sind der Bau und Betrieb von Sportanlagen, kulturellen Einrichtungen (z.B. Theater, Museen), Schwimmbädern, Parkanlagen, Wirtschaftsförderung und Tourismus.

- **Pflichtaufgaben**: Diese Aufgaben sind gesetzlich vorgeschrieben, wobei die Kommune einen gewissen Gestaltungsspielraum bei der Durchführung hat. Beispiele sind die Bauleitplanung (Bebauungspläne), Brandschutz und Feuerwehr, Trinkwasserversorgung, Abwasserbeseitigung, Abfallentsorgung, Schulträgerschaft für Grundschulen und die Unterhaltung von Gemeindestraßen.

- **Übertragene Aufgaben**: Dies sind Aufgaben, die die Kommune im Auftrag des Bundes oder des Landes ausführt (sog. Weisungsaufgaben). Beispiele sind das Meldewesen, Pass- und Ausweiswesen, Standesamtswesen und die Durchführung von Wahlen.

Verwaltungsstuktur

Kreisangehörige Kommunen haben in der Regel einen Gemeinderat als Vertretung der Bürger und einen Bürgermeister als Leiter der Verwaltung. In vielen Bundesländern gibt es zur Unterstützung kleinerer Gemeinden Verwaltungsgemeinschaften oder Ämter, die bestimmte Verwaltungsaufgaben übernehmen.

Abhängigkeit vom Landkreis

Kreisangehörige Kommunen sind in ihrer Aufgabenwahrnehmung und Finanzierung teilweise vom Landkreis abhängig. Der Landkreis ist für überörtliche Aufgaben zuständig und übt die Rechtsaufsicht über die kreisangehörigen Gemeinden aus. Die Landkreise werden über die Kreisumlage finanziert, welche von den kreisangehörigen Gemeinden zu zahlen sind.

Kreisfreie Städte

Kreisfreie Städte sind Gemeinden, die keinem Landkreis angehören. Sie stehen auf der gleichen Stufe wie die Landkreise und nehmen sowohl die Aufgaben einer kreisangehörigen Gemeinde als auch die eines Landkreises wahr. Kreisfreie Städte sind in der Regel größere Städte, die aufgrund ihrer Größe und Leistungsfähigkeit in der Lage sind, alle kommunalen Aufgaben selbstständig zu erfüllen.

Aufgaben und Zuständigkeiten

Kreisfreie Städte haben ein breites Spektrum an Aufgaben, das sowohl die lokalen Angelegenheiten als auch die überörtlichen Aufgaben umfasst. Dazu gehören:

- Alle Aufgaben einer kreisangehörigen Gemeinde: Dies beinhaltet die oben genannten freiwilligen Aufgaben, Pflichtaufgaben und übertragenen Aufgaben.

- Alle Aufgaben eines Landkreises: Dazu gehören überörtliche Aufgaben wie Sozialhilfe, Jugendhilfe, Trägerschaft weiterführender Schulen, Abfallwirtschaft, ÖPNV-Planung, Gesundheitswesen (Gesundheitsamt) und Bauaufsicht.

Verwaltungsstruktur

Kreisfreie Städte haben in der Regel einen Stadtrat als Vertretung der Bürger und einen Oberbürgermeister als Leiter der Verwaltung. Die Verwaltung ist in verschiedene Dezernate oder Ämter unterteilt, die jeweils für bestimmte Aufgabenbereiche zuständig sind.

Unabhängigkeit vom Landkreis

Kreisfreie Städte sind unabhängig von einem Landkreis und unterstehen direkt der Aufsicht des Landes. Sie haben eine hohe Autonomie und können ihre Aufgaben eigenverantwortlich gestalten.

Kreise (Landkreise)

Kreise (in einigen Bundesländern auch Landkreise genannt) sind Gemeindeverbände und Gebietskörperschaften des öffentlichen Rechts. Sie umfassen das Gebiet mehrerer kreisangehöriger Gemeinden und sind primär für die Wahrnehmung "überörtlicher Aufgaben" zuständig.

Aufgaben und Zuständigkeiten

Die Aufgaben der Kreise sind in der Regel in der jeweiligen Landkreisordnung des Bundeslandes geregelt. Zu den typischen Aufgaben gehören:

- Sozialhilfe: Die überörtliche Sozialhilfe, insbesondere die Eingliederungshilfe für Menschen mit Behinderung, ist oft Aufgabe der Kreise.

- Jugendhilfe: Die Kreise sind für die überörtliche Jugendhilfe zuständig, einschließlich der Planung und Bereitstellung von Jugendhilfeeinrichtungen.

- Schulträgerschaft: Die Kreise sind in der Regel Träger der weiterführenden Schulen (Realschulen, Gymnasien, Berufsschulen) und der Förderschulen.

- Abfallwirtschaft: Die Kreise sind für die Abfallentsorgung im Kreisgebiet zuständig.
- ÖPNV-Planung: Die Kreise planen und organisieren den öffentlichen Personennahverkehr im Kreisgebiet.

- Gesundheitswesen: Die Kreise betreiben Gesundheitsämter, die für den öffentlichen Gesundheitsdienst zuständig sind.

- Bauaufsicht: Die Kreise sind in der Regel die unteren Bauaufsichtsbehörden für die kreisangehörigen Gemeinden.

Verwaltungsstruktur

Kreise haben in der Regel einen Kreistag als Vertretung der Bürger und einen Landrat als Leiter der Verwaltung. Die Verwaltung ist in verschiedene Fachbereiche oder Ämter unterteilt, die jeweils für bestimmte Aufgabenbereiche zuständig sind.

Beziehung zu den kreisangehörigen Kommunen

Die Kreise üben die Rechtsaufsicht über die kreisangehörigen Gemeinden aus und sind für die Erfüllung bestimmter überörtlicher Aufgaben zuständig, die die Leistungsfähigkeit der einzelnen Gemeinden übersteigen. Sie sind auch für die Verteilung bestimmter Finanzmittel an die Gemeinden zuständig. Sie finanzieren sich aus der Kreisumlage, die von den kreisangehörigen Kommunen zu zahlen ist.

Zwischengemeindliche Kooperationsstrukturen

In vielen Flächenländern (zehn von dreizehn 3) existieren zwischen der Gemeinde- und der Kreisebene zusätzliche administrative Strukturen. Diese Gemeindeverbände oder Verwaltungskooperationen wurden insbesondere nach Gebietsreformen geschaffen, um die Verwaltungskraft kleinerer Gemeinden zu stärken, ohne deren rechtliche Selbstständigkeit vollständig aufzugeben.3 Sie übernehmen bestimmte Aufgaben für ihre Mitgliedsgemeinden, insbesondere im Bereich der Verwaltungsdurchführung und oft auch bei den vom Staat übertragenen Aufgaben. Die konkrete Ausgestaltung, Bezeichnung und Rechtsnatur dieser Strukturen variiert erheblich zwischen den Ländern:

- **Amt** (Brandenburg, Mecklenburg-Vorpommern, Schleswig-Holstein):
  Ein Gemeindeverband als Körperschaft des öffentlichen Rechts. Das Amt führt die Verwaltungsgeschäfte der amtsangehörigen Gemeinden, berät diese und ist Träger der Weisungsaufgaben. Es kann auch weitere Aufgaben übernehmen.

- **Samtgemeinde** (Niedersachsen): Ein Gemeindeverband als Körperschaft des öffentlichen Rechts. Sie erfüllt spezifische, im Gesetz genannte Aufgaben des eigenen Wirkungskreises (z.b. Flächennutzungsplanung, Schulträgerschaft, überörtliche Sportstätten, Brandschutz, Gemeindeverbindungsstraßen) sowie alle Aufgaben des übertragenen Wirkungskreises für ihre Mitgliedsgemeinden. Sie führt zudem die Kassengeschäfte.
- **Verbandsgemeinde (Rheinland-Pfalz, Sachsen-Anhalt):** Ein Gemeindeverband als Körperschaft des öffentlichen Rechts.1 Sie erfüllt anstelle der ihr angehörenden Ortsgemeinden bestimmte Pflichtaufgaben des eigenen Wirkungskreises (z.b. Schulträgerschaft für Grundschulen, Brandschutz, Wasserversorgung, Abwasserbeseitigung, Flächennutzungsplanung).40 Sie erledigt zudem die Verwaltungsgeschäfte der Ortsgemeinden und nimmt deren übertragene Aufgaben wahr.
- **Verwaltungsgemeinschaft (Bayern, Sachsen, Thüringen):** Die Rechtsnatur variiert. In Bayern ist sie eine Körperschaft des öffentlichen Rechts, deren Hauptaufgabe die Wahrnehmung der Angelegenheiten des übertragenen Wirkungskreises für die Mitgliedsgemeinden ist (Ausnahme: Satzungs- und Verordnungserlass). Sie erledigt zudem die Verwaltungsgeschäfte der Mitgliedsgemeinden im eigenen Wirkungskreis nach deren Weisung und kann durch Zweckvereinbarung weitere Aufgaben übernehmen. In Sachsen und Thüringen sind Verwaltungsgemeinschaften ebenfalls Kooperationsformen zur Stärkung der Verwaltungskraft. In Sachsen können sie als "Verwaltungsverband" (Körperschaft) oder als "erfüllende Gemeinde" organisiert sein. Sie übernehmen Erfüllungsaufgaben (Weisungsaufgaben, FNP) und Erledigungsaufgaben (Verwaltungsvollzug). In Thüringen erledigt die VG Aufgaben nach Gesetz oder Vereinbarung für die Mitglieder und führt laufende Verwaltungsgeschäfte.
- **Gemeindeverwaltungsverband / Vereinbarte Verwaltungsgemeinschaft** (Baden-Württemberg, Hessen):

In BW ist der Gemeindeverwaltungsverband (GVV) eine Körperschaft des öffentlichen Rechts, während bei der Vereinbarten Verwaltungsgemeinschaft (VVG) eine "erfüllende Gemeinde" die Aufgaben für die anderen übernimmt. Beide Formen übernehmen gesetzlich definierte Erfüllungsaufgaben (Zuständigkeit geht über, z.b. vorbereitende Bauleitplanung) und Erledigungsaufgaben (Ausführung im Namen der Gemeinde, z.B. Haushalts-/Kassenwesen). In Hessen ist der GVV eine Sonderform des Zweckverbandes zur rationellen Erledigung von Verwaltungsaufgaben.

Die Existenz und die spezifische Ausgestaltung dieser zwischengemeindlichen Strukturen sind ein zentrales Merkmal der kommunalen Landschaft in Deutschland. Sie spiegeln den Versuch wider, einen Ausgleich zwischen der Notwendigkeit effizienter Verwaltung und dem Prinzip der kommunalen Selbstständigkeit, insbesondere für kleinere Gemeinden, zu finden. Die unterschiedlichen rechtlichen Konstruktionen – von der eigenständigen Körperschaft (z.B. Samtgemeinde) bis zur reinen Verwaltungskooperation (z.B. VG in Bayern) – haben dabei erhebliche Auswirkungen auf die tatsächliche Aufgabenwahrnehmung, die Finanzströme, die demokratische Kontrolle und die verbleibende Autonomie der Mitgliedsgemeinden. Modelle, bei denen eine eigene Körperschaft gebildet wird (wie die Verbandsgemeinde in RP/ST oder die Samtgemeinde in NI), bündeln tendenziell mehr Kompetenzen und Ressourcen auf der Ebene des Verbandes, während Modelle wie die bayerische VG oder die erfüllende Gemeinde in BW/SN stärker den Fokus auf die administrative Unterstützung legen und den Mitgliedsgemeinden potenziell mehr eigene Gestaltungsspielräume belassen.

Höhere Kommunalverbände

In einigen Bundesländern existiert oberhalb der Kreis- bzw. Landkreisebene eine weitere Stufe der kommunalen Selbstverwaltung, die als höherer Kommunalverband oder Gemeindeverband höherer Ordnung bezeichnet wird. Diese Verbände sind typischerweise für die Wahrnehmung spezifischer, großräumiger Aufgaben zuständig, die selbst die Leistungsfähigkeit der Kreise und kreisfreien Städte übersteigen. Häufig liegen ihre Zuständigkeiten im sozialen Bereich, im Gesundheitswesen oder in der Kulturpflege. Beispiele hierfür sind:

- **Landschaftsverbände Rheinland und Westfalen-Lippe (Nordrhein-Westfalen):** Zuständig u.a. für überörtliche Sozialhilfe, Integrationsämter, Landesjugendämter, psychiatrische Kliniken, Förderschulen und regionale Kulturpflege.

- **Bezirke (Bayern):** Bilden eine dritte kommunale Ebene neben Gemeinden und Landkreisen. Zuständig u.a. für überörtliche Sozialhilfe, Jugendhilfe, Kriegsopferfürsorge, Einrichtungen für Menschen mit Behinderung, Psychiatrie, Neurologie, Suchtkrankenhilfe sowie Denkmal- und Heimatpflege.

- **Landeswohlfahrtsverband Hessen (Hessen):** Zuständig für überörtliche Sozialhilfe (insbesondere Eingliederungshilfe), Integrationsamt, soziale Entschädigung und Trägerschaft von Förderschulen.

- **Bezirksverband Pfalz (Rheinland-Pfalz):** Ein Relikt historischer Verwaltungsstrukturen mit spezifischen Aufgaben in der Pfalz, u.a. im kulturellen und sozialen Bereich.

Diese höheren Kommunalverbände sind oft als Bundkörperschaften organisiert, deren Mitglieder die Kreise und kreisfreien Städte ihres Verbandsgebietes sind.

Wer sind die Hauptakteure? (Rat/Kreistag, Bürgermeister/Landrat, Ausschüsse, Verwaltung).

Nachdem wir jetzt wissen, worum es in der Kommunalpolitik geht, schauen wir uns an, wer die Entscheidungen trifft, vorbereitet und umsetzt. Wie in einem Theaterstück gibt es auch hier verschiedene Rollen. Die wichtigsten Akteure auf der kommunalen Bühne in Nordrhein-Westfalen sind:

Der Rat / Der Kreistag (Das lokale Parlament):

Das ist das Herzstück der kommunalen Demokratie. In Gemeinden und Städten heißt dieses Gremium Rat, im Kreis entsprechend Kreistag. Hier sitzen die Politikerinnen und Politiker, die von euch, den Bürgerinnen und Bürgern, alle fünf Jahre direkt gewählt werden. Ihre Anzahl hängt von der Einwohnerzahl der Kommune bzw. des Kreises ab.

- **Aufgaben:** Der Rat/Kreistag ist das oberste Entscheidungsorgan. Er legt die Ziele und Grundsätze für die Kommunalpolitik fest, beschließt den Haushalt (legt also fest, wofür Geld ausgegeben wird – das wichtigste Recht!), erlässt die lokalen „Gesetze" (die Satzungen, z.B. die Abfallsatzung oder die Hundesteuersatzung) und kontrolliert die Arbeit der Verwaltung und des Bürgermeisters/Landrats.

- **Arbeitsweise:** Der Rat/Kreistag trifft sich regelmäßig zu öffentlichen Sitzungen, in denen diskutiert und über Beschlussvorschläge abgestimmt wird.

Der Bürgermeister / Der Landrat (Die Spitze):

An der Spitze der Gemeinde oder Stadt steht der Bürgermeister, an der Spitze des Kreises der Landrat. Eine Besonderheit in NRW: Diese Person wird ebenfalls direkt von den Bürgerinnen und Bürgern gewählt und hat eine wichtige Doppelrolle:

- **Chef/Chefin der Verwaltung:** Er oder sie leitet die Verwaltung (das Rathaus oder Kreishaus mit allen Mitarbeiterinnen und Mitarbeitern) und ist dafür verantwortlich, dass die Beschlüsse des Rates/Kreistages umgesetzt werden und die Verwaltung ihre Aufgaben erledigt.

- **Vorsitzende/Vorsitzender des Rates / Kreistages:** Er oder sie leitet die Sitzungen des Rates/Kreistages (außer wenn es um ihn/sie selbst geht), bereitet sie zusammen mit der Verwaltung vor und repräsentiert die Kommune oder den Kreis nach außen. Der Bürgermeister/Landrat ist also eine sehr mächtige Figur – quasi Verwaltungs-Chef und Parlaments-Vorsitzender in einem.

Die Ausschüsse (Die Werkstätten):

Da der Rat oder Kreistag sich unmöglich mit jedem Detail aller Themen befassen kann, gibt es Ausschüsse. Das sind kleinere Gremien, die sich auf bestimmte Fachgebiete spezialisieren – wie eine Art Werkstatt, in der die Themen für die große Ratssitzung vorbereitet werden.

- **Zusammensetzung:** Hier sitzen Mitglieder des Rates/Kreistages und oft auch Sachkundige Bürgerinnen und Bürger. Das sind von den Parteien benannte Personen, die nicht unbedingt gewählt sind, aber besonderes Fachwissen oder Interesse am Thema des Ausschusses haben (dazu später mehr).

- **Aufgaben:** Die Ausschüsse beraten die Themen vor, die später im Rat/Kreistag entschieden werden sollen. Sie diskutieren intensiver, hören manchmal Experten an und geben am Ende eine Beschlussempfehlung für den Rat/Kreistag ab. In bestimmten Fällen, wenn der Rat/Kreistag es so beschlossen hat (beispielsweise in einer Zuständigkeitsordnung), können Ausschüsse auch endgültige Entscheidungen treffen.

- **Beispiele**: Fast jede Kommune hat einen Hauptausschuss (oft zur Koordination) und verschiedene Fachausschüsse, z.B. einen Schulausschuss, einen Planungs- und Bauausschuss, einen Sozialausschuss, einen

Kulturausschuss usw. Auch die Ausschüsse tagen in der Regel öffentlich. In Kreisen nennt sich der Hauptausschuss im Übrigen oft Kreisausschuss.

Die Verwaltung (Der Motorraum):

Das ist das Team im Rathaus oder Kreishaus – all die Mitarbeiterinnen und Mitarbeiter, die das Tagesgeschäft erledigen und die Politik unterstützen. An ihrer Spitze steht der Bürgermeister oder Landrat.

- **Aufgaben:** Die Verwaltung ist der Motor der Kommunalpolitik. Sie bereitet die Sitzungen von Ausschüssen und Rat/Kreistag inhaltlich vor (recherchiert Fakten, prüft rechtliche Aspekte, schreibt die Beschlussvorlagen), sie führt die gefassten Beschlüsse aus, sie erledigt die laufenden Aufgaben (vom Ausstellen eines Personalausweises über die Organisation der Müllabfuhr bis zur Pflege der Grünanlagen) und sie berät die Politik mit ihrem Fachwissen.

- **Bedeutung:** Ohne eine funktionierende Verwaltung geht nichts. Sie sorgt für Kontinuität und ist oft auch die erste Anlaufstelle für dich als Bürgerin oder Bürger, wenn du ein konkretes Anliegen oder eine Frage hast.

Diese vier Hauptakteure stehen in einem ständigen Wechselspiel: Der Rat/Kreistag beschließt, der Bürgermeister/Landrat leitet und repräsentiert, die Ausschüsse spezialisieren und bereiten vor, die Verwaltung führt aus und unterstützt. Wenn dieses Zusammenspiel funktioniert, kann die Kommune ihre Aufgaben für die Bürgerinnen und Bürger erfüllen.

Gestaltungsspielräume und finanzielle Zwänge

Nachdem wir die Hauptakteure auf der kommunalen Bühne

kennengelernt haben, könnte man denken: Super, Rat und Bürgermeister können jetzt also loslegen und die Gemeinde, Stadt oder den Kreis nach bestem Wissen und Gewissen gestalten!

Schließlich garantiert das Grundgesetz ja die kommunale Selbstverwaltung.

Theoretisch stimmt das auch. Praktisch stößt der politische Gestaltungswille vor Ort aber oft an eine sehr harte Grenze: das Geld. Oder besser gesagt: der Mangel daran. Für unzählige Kommunen nicht nur in Nordrhein-Westfalen, insbesondere für viele kreisangehörige Gemeinden, sind "klamme Kassen" eine Dauerdiagnose.

Die Realität: Haushaltssicherung und Nothaushalt

Viele Städte und Gemeinden befinden sich seit Jahren in der sogenannten Haushaltssicherung. Das bedeutet, ihr Haushalt ist so defizitär, dass sie ein strenges Sparprogramm (Haushaltssicherungskonzept) auflegen und sich von der Kommunalaufsicht (der Bezirksregierung) genehmigen lassen müssen. Sie dürfen dann fast nur noch für Pflichtaufgaben Geld ausgeben. Im schlimmsten Fall droht sogar der Nothaushalt, bei dem die Kommune quasi zahlungsunfähig ist und nur noch das Allernötigste tun darf.

Warum ist das so? Die Krux mit den Aufgaben

Die Hauptursache liegt oft in der Verteilung der Aufgaben und Kosten zwischen Bund, Land und Kommunen:

Pflichtaufgaben vs. Freiwillige Aufgaben: Kommunen müssen zwischen Aufgaben unterscheiden, zu denen sie gesetzlich verpflichtet sind (Pflichtaufgaben), und solchen, die sie freiwillig übernehmen können, wenn sie es sich leisten können (freiwillige Aufgaben).

Pflicht sind z.B. Sozialleistungen (Kosten der Unterkunft für Bürgergeld-Empfänger), Jugendhilfe, Feuerwehr, Schulen, Müllentsorgung, Meldeamt.

Freiwillig sind oft Dinge wie die Förderung von Kultur (Theater, Musikschule), der Betrieb eines Schwimmbads, Zuschüsse für Vereine, besonders schön gestaltete Parks etc.

Explodierende Kosten, knappe Einnahmen: Vor allem die Kosten für die gesetzlichen Pflichtaufgaben im Sozialbereich sind in den letzten Jahrzehnten enorm gestiegen. Diese Kosten müssen die Kommunen tragen, auch wenn die Gesetze dazu auf Bundes- oder Landesebene gemacht werden. Die Einnahmen der Kommunen (aus lokalen Steuern wie Grund- und Gewerbesteuer und aus Zuweisungen von Bund und Land) reichen aber oft bei Weitem nicht aus, um diese Pflichtaufgaben und noch wünschenswerte freiwillige Leistungen zu finanzieren. Viele sprechen daher von einer strukturellen Unterfinanzierung. Dazu kommen oft noch Altschulden aus früheren Zeiten, die abgetragen werden müssen.

Die Folgen: Politik als Mangelverwaltung?

Diese finanzielle Enge hat massive Auswirkungen auf die Kommunalpolitik:

- Kaum Spielraum für Neues: Für neue Projekte, kreative Ideen oder auch nur dringend nötige Sanierungen (Straßen, Schulen, Turnhallen) fehlt oft schlicht das Geld.

- Sparen und Streichen: Politik wird notgedrungen oft zur Verwaltung des Mangels. Es muss entschieden werden, wo gespart, welche Gebühr erhöht oder welche freiwillige Leistung (z.B. das Schwimmbad) geschlossen wird. Das führt zu unpopulären Entscheidungen.

- Frustration: Sowohl bei Bürgern, deren Wünsche und Anliegen nicht erfüllt werden können, als auch bei engagierten Politikern, deren Gestaltungswille an der Finanznot zerschellt.

- Fokus auf Kosten: Ideen, die wenig oder gar nichts kosten oder sogar Einsparungen ermöglichen, gewinnen an Attraktivität. Die Suche nach externen Fördermitteln von Land, Bund oder EU wird überlebenswichtig.

Was heißt das in der Praxis?

Diese finanziellen Zwänge zu kennen, ist entscheidend, wenn du dich einbringen willst. Es bedeutet manchmal sogar, dass gar nichts mehr geht! Vor allem aber erfordert es Realismus. Nicht jede gute Idee ist finanzierbar. Es braucht Kreativität, um Lösungen zu finden, die vielleicht auch ohne großes Budget funktionieren. Und es erfordert eine klare Priorisierung: Wofür sollen die knappen Mittel eingesetzt werden? Die Debatte darum ist oft der Kern der politischen Auseinandersetzung vor Ort. Und die Forderung nach einer besseren Finanzausstattung der Kommunen bleibt ein Dauerbrenner in der Landes- und Bundespolitik.

Die wichtigsten Spielregeln:

Jedes Spiel braucht Regeln, damit es fair und geordnet abläuft – das gilt natürlich auch für die Kommunalpolitik. Aber keine Sorge, du musst jetzt kein Jura-Experte werden! Wichtig ist, dass du die grundsätzlichen Arten von Regeln kennst und weißt, wo du nachschauen kannst, wenn du eine konkrete Frage zu deiner Gemeinde, deiner Stadt oder deinem Landkreis hast.

Da Deutschland ein föderales System ist und die Kommunalpolitik Ländersache ist, gibt es keine bundeseinheitlichen Regeln. Jedes der 16 Bundesländer hat seine eigenen Gesetze erlassen. Die Grundprinzipien sind aber oft ähnlich. Man kann die Regeln grob in zwei Ebenen unterteilen:

Die Landesebene: Die Kommunalverfassung deines Bundeslandes

Die Grundlage für die Kommunalpolitik bildet das jeweilige

Landesgesetz, das die "Verfassung" für die Kommunen in diesem Bundesland darstellt.

Rechtsgrundlagen der Kommunalparlamente nach Bundesländern:

- **Baden-Württemberg:** Gemeindeordnung (GemO BW), Landkreisordnung (LKrO BW)
- **Bayern:** Gemeindeordnung (GO Bay), Landkreisordnung (LKrO Bay), Bezirksordnung (BezO Bay)
- **Berlin:** Bezirksverwaltungsgesetz (BezVG)
- **Brandenburg:** Kommunalverfassung (BbgKVerf)
- **Bremen:** Ortsgesetz über Beiräte und Ortsämter
- **Hamburg:** Bezirksverwaltungsgesetz (BezVG)
- **Hessen:** Hessische Gemeindeordnung (HGO), Hessische Landkreisordnung (HKO), Gesetz über den Landeswohlfahrtsverband Hessen (LWVG)
- **Mecklenburg-Vorpommern:** Kommunalverfassung (KV M-V)
- **Niedersachsen:** Niedersächsisches Kommunalverfassungsgesetz (NKomVG)
- **Nordrhein-Westfalen:** Gemeindeordnung (GO NRW), Kreisordnung (KrO NRW), Landschaftsverbandsordnung (LverbO)
- **Rheinland-Pfalz:** Gemeindeordnung (GemO RP), Landkreisordnung (LKO RP)
- **Saarland:** Kommunalselbstverwaltungsgesetz (KSVG)
- **Sachsen:** Sächsische Gemeindeordnung (SächsGemO), Sächsische Landkreisordnung (SächsLKrO)
- **Sachsen-Anhalt:** Kommunalverfassungsgesetz (KVG LSA)
- **Schleswig-Holstein:** Gemeindeordnung (GO SH), Kreisordnung (KrO SH), Amtsordnung (AO SH)

- **Thüringen:** Thüringer Kommunalordnung (ThürKO)

Was steht da drin? In diesen Landesgesetzen sind die grundlegenden Strukturen und Verfahren festgelegt: die Aufgaben der Kommunen, die Wahl und die Befugnisse des lokalen Parlaments (das je nach Ort und Land Rat, Gemeinderat, Stadtrat, Kreistag o.ä. heißt) und des Verwaltungschefs (der Bürgermeister,

Oberbürgermeister oder Landrat sein kann – auch hier gibt es Unterschiede, z.B. ob der Landrat direkt gewählt wird oder nicht). Sie regeln die Rechte der Rats- oder Kreistagsmitglieder, die Grundzüge der Ausschussarbeit und auch wichtige Rechte für uns Bürgerinnen und Bürger (wie z.B. Einwohneranträge, Bürgerbegehren oder Anregungen – deren genaue Ausgestaltung und Bezeichnungen sich aber von Land zu Land stark unterscheiden können!). Auch die Grundlagen der Kommunalfinanzen und der staatlichen Aufsicht sind hier geregelt.

Wo finde ich das? Du findest das relevante Gesetz für dein Bundesland am einfachsten online. Suche nach dem Gesetzes- oder Rechtsportal deines Bundeslandes (z.B. "Gesetze Bayern online", "Landesrecht Hessen", "Recht NRW" usw.) und gib dort den Namen des Gesetzes (z.B. "Gemeindeordnung NRW") ein.

Die lokale Ebene: Satzungen und Geschäftsordnung

Die Landesgesetze geben nur den Rahmen vor. Viele Details regeln die Kommunen dann selbst vor Ort – angepasst an ihre Größe, Bedürfnisse und Traditionen. Das tun sie durch Satzungen, die vom lokalen Parlament (Rat, Kreistag etc.) beschlossen werden und wie lokale Gesetze wirken.

Satzung und Ordnung – der Unterschied

Eine **Satzung** ist ein förmliches Ortsrecht, das von einer kommunalen Körperschaft (z. B. Gemeinderat oder Kreistag) beschlossen wird. Satzungen haben den Charakter eines Gesetzes auf kommunaler Ebene. Sie schaffen verbindliche Regeln für Bürger, Unternehmen und auch für die Verwaltung. Beispiele sind Bebauungspläne, Hundesteuersatzungen oder Hauptsatzungen der Gemeinde. Satzungen müssen ein gesetzliches Ermächtigungsgrundlage haben (zum Beispiel aus der

Gemeindeordnung) und werden meist im Amtsblatt öffentlich bekanntgemacht.

Eine **Ordnung** dagegen ist oft ein Verwaltungsakt oder eine interne Regelung zur Organisation des Ablaufs innerhalb der Verwaltung oder bei öffentlichen Einrichtungen. Ordnungen richten sich entweder nur intern an die Verwaltung selbst oder – wenn sie öffentlich wirken – regeln sie bestimmte Sachverhalte konkreter, ohne den Charakter von förmlichem Ortsrecht zu haben. Beispiele wären Friedhofsordnungen oder Benutzungsordnungen für kommunale Hallen oder Bibliotheken. Ordnungen basieren häufig auf einer Satzung oder einer allgemeinen gesetzlichen Ermächtigung, sind aber in sich weniger formal als eine Satzung.

Die Hauptsatzung:

Dies ist in den meisten Bundesländern die wichtigste lokale Satzung, quasi die "Verfassung" deiner Kommune. Sie konkretisiert das Landesrecht und legt zentrale lokale Punkte fest. Das können z.B. sein: die genaue Zahl der Ratsmitglieder (innerhalb des Landesrahmens), welche Ausschüsse gebildet werden, welche Aufgaben vielleicht an Ausschüsse oder den Bürgermeister zur endgültigen Entscheidung übertragen werden, oder wie genau die Bürgerbeteiligung vor Ort ausgestaltet ist (z.B. Regeln für eine Einwohnerfragestunde). Der Inhalt und die Bedeutung der Hauptsatzung können je nach Landesrecht leicht variieren.

Die Geschäftsordnung des lokalen "Parlaments":

Sie regelt den genauen Ablauf der Sitzungen des Rates, Gemeinderats, Stadtrats oder Kreistages (und oft auch der Ausschüsse). Hier steht, wie Anträge gestellt, Debatten geführt und Abstimmungen durchgeführt werden, wer wann Rederecht hat usw. Die Grundprinzipien sind ähnlich, die Details (z.B. Redezeiten) können aber lokal unterschiedlich sein.

Die Zuständigkeitsordnung:

Da wo es sie gibt, regelt sie welcher Ausschuss für welche Angelegenheiten zuständig ist. Oft wird auch geregelt bis zu welcher Summe ein Ausschuss, der Bürgermeister oder Landrat eigenständig entscheiden darf und ab wann der Rat, bzw. Kreistag die Entscheidung zu treffen hat.

Weitere Satzungen:

Daneben gibt es unzählige weitere Satzungen für alle möglichen Lebensbereiche, z.B. Gebührensatzungen (Müll, Abwasser, Friedhof...), Steuersatzungen (Hundesteuer, Zweitwohnungssteuer...), Benutzungssatzungen (für Sporthallen, Büchereien...), Gefahrenabwehrverordnungen und vieles mehr.

Wo finde ich die lokalen Regeln?

Diese lokalen Satzungen und die Geschäftsordnung findest du am besten auf der offiziellen Webseite deiner Stadt, Gemeinde oder deines Landkreises. Suche dort nach Begriffen wie "Ortsrecht", "Satzungen", "Stadtrecht", "Rathaus online" oder Ähnlichem. Meistens sind die Dokumente dort als PDF verfügbar. Natürlich kannst du sie auch im Rathaus oder in der Kreisverwaltung einsehen oder Auskunft dazu erhalten.

Zusammenfassung:

Du musst kein Experte für alle Paragrafen sein! Wichtig ist zu verstehen, dass es diese verschiedenen Regelebenen gibt und dass sie das Handeln der Politik und Verwaltung bestimmen. Der entscheidende Tipp ist: Informiere dich immer über die spezifischen Regeln in deinem Bundesland (Kommunalverfassung) und in deiner Kommune (insbesondere Hauptsatzung und Geschäftsordnung). Nur so weißt du genau, welche Rechte und Möglichkeiten du hast und wie die Verfahren vor Ort ablaufen.

Transparenz und Information: Woher weißt du, was läuft?

Ein Grundpfeiler jeder Demokratie ist Transparenz – also die Nachvollziehbarkeit und Öffentlichkeit von politischen Entscheidungen. Das gilt natürlich auch für die Kommunalpolitik. Schließlich geht es um dein direktes Lebensumfeld und um dein Steuergeld. Grundsätzlich gilt daher der Öffentlichkeitsgrundsatz: Die Arbeit der kommunalen Gremien soll für dich als Bürgerin oder Bürger sichtbar und verständlich sein.

Die Gemeindeordnungen und Kommunalverfassungen der Bundesländer schreiben dies auch vor. Aber wie kommst du nun an die Informationen? Es gibt verschiedene Wege:

Amtliche Bekanntmachungen:

Alle wichtigen offiziellen Informationen muss die Kommune öffentlich bekanntmachen. Dazu gehören Termine für Ratssitzungen, beschlossene Satzungen oder wichtige Planungen. Wie das genau geschieht, ist von Ort zu Ort und je nach Landesrecht etwas unterschiedlich:

- Oft gibt es ein lokales Amtsblatt oder einen festgelegten Teil in einer lokalen Tageszeitung.

- Manchmal erfolgt die Bekanntmachung durch Aushang an einer oder mehreren offiziellen Tafeln (z.B. im Rathaus).

- Zunehmend wichtiger und oft auch vorgeschrieben ist die Veröffentlichung auf der offiziellen Webseite der Kommune. Schau dort nach Rubriken wie "Amtliche Bekanntmachungen" oder "Aktuelles".

Das Ratsinformationssystem (RIS): Dein digitales Fenster ins Rathaus

Ein immer wichtigeres Werkzeug für Transparenz ist das Ratsinformationssystem (RIS), manchmal auch Bürgerinformationssystem (BIS) genannt. Das ist ein Online-Portal, das viele (aber nicht alle!) Städte, Gemeinden und Kreise auf ihrer Webseite anbieten.

Was findest du dort (meistens)?

- Den Sitzungskalender: Wann tagt der Rat, der Kreistag oder ein Ausschuss?

- Die Tagesordnungen: Welche Themen stehen auf dem Programm?

- Die Vorlagen: Das sind die oft sehr aufschlussreichen Begleitdokumente zu den Tagesordnungspunkten! Hier begründet die Verwaltung ihre Vorschläge, legt Fakten dar und formuliert die Beschlussentwürfe. Das Lesen der Vorlagen ist oft der Schlüssel zum Verständnis der Themen!

- Die Protokolle (Niederschriften): Was wurde in vergangenen Sitzungen beschlossen oder diskutiert?

- Oft auch: Informationen zu den gewählten Mitgliedern, den Fraktionen und den Ausschüssen.

- Zugang: In der Regel gibt es einen frei zugänglichen Bereich für Bürgerinnen und Bürger.

Wo suchen?
Schau auf der Webseite deiner Kommune unter "Politik", "Rathaus", "Bürgerservice" oder suche direkt nach "Ratsinformationssystem" oder "Bürgerinformationssystem". Die Qualität und der Informationsgehalt dieser Systeme können sehr unterschiedlich sein – von topmodern bis rudimentär – aber ein Blick lohnt sich fast

immer!

Öffentliche Sitzungen: Politik live erleben

- **Der direkteste Weg, Politik zu erleben:** Geh hin! Wie schon mehrfach erwähnt, sind die Sitzungen des Rates/Gemeinderats/Kreistages und seiner Ausschüsse in der Regel öffentlich.

- **Warum hingehen?** Du hörst die Argumente direkt, siehst, wer wie abstimmt, und bekommst ein Gefühl für die Atmosphäre und die Akteure. Das ist oft lebendiger und aufschlussreicher als jeder Bericht darüber.

- **Infos:** Die Termine, Zeiten und Orte findest du in den amtlichen Bekanntmachungen oder im Ratsinformationssystem. Immer häufiger werden Ratssitzungen auch live ins Internet übertragen (Livestream) – schau auch hierzu auf die Webseite deiner Kommune.

- **Einwohnerfragestunde:** Viele Kommunen bieten im Rahmen der Ratssitzung eine Einwohnerfragestunde an. Hier hast du die Möglichkeit, selbst Fragen zu lokalen Themen an die Verwaltung oder die Politik zu stellen. Ob und wie genau das in deiner Kommune geregelt ist, erfährst du in der Hauptsatzung oder Geschäftsordnung.

Wer sucht, der findet (meistens)

Informationen sind die Währung der Demokratie und die Grundlage für deine Beteiligung. Nutze die verschiedenen Kanäle, um dich zu informieren! Auch wenn die Transparenz in der Praxis nicht immer perfekt sein mag und du manchmal vielleicht etwas suchen musst: Die Werkzeuge und das Recht auf Information sind da. Sei neugierig, lies die Vorlagen im Ratsinformationssystem, besuche eine Sitzung! Je besser du informiert bist, desto fundierter kannst du mitreden, nachfragen und dich effektiv für deine Anliegen einsetzen. Damit hast du nun das Rüstzeug, um die Grundlagen der Kommunalpolitik zu verstehen. Im nächsten Teil schauen wir uns an, wie du dieses Wissen nutzen kannst, um selbst aktiv zu werden.

Den Haushalt verstehen: Das liebe Geld

Eines der wichtigsten, aber oft auch komplexesten Dokumente in der Kommunalpolitik ist der Haushaltsplan (oft auch nur "Haushalt" genannt). Er ist das zentrale Instrument zur finanziellen Steuerung der Gemeinde, Stadt oder des Kreises. Hier wird festgelegt, woher das Geld kommt (Einnahmen) und wofür es ausgegeben wird (Ausgaben). Nahezu keine Maßnahme, kein Projekt, keine Personalstelle kann ohne eine entsprechende Verankerung im Haushalt umgesetzt werden!

Der Haushalt wird in der Regel für ein oder zwei Jahre im Voraus vom Rat oder Kreistag beschlossen (bei zwei Jahren spricht man von einem Doppelhaushalt). Er ist oft ein sehr umfangreiches Zahlenwerk, aber keine Sorge, du musst nicht jede Zahl im Detail verstehen. Wichtig ist, den grundlegenden Aufbau und die Logik zu kennen, um gezielt nach Informationen suchen zu können.

Systemwechsel: Von der Kameralistik zur Doppik

Früher wurden kommunale Haushalte überall nach dem Prinzip der Kameralistik aufgestellt. Das war eine reine Einnahmen-Ausgaben-Rechnung, die zeigte, wie viel Geld im Haushaltsjahr voraussichtlich eingenommen und ausgegeben wird. Sie war relativ einfach, bildete aber nicht den tatsächlichen Ressourcenverbrauch (z.B. die Abnutzung von Gebäuden) oder das gesamte Vermögen und die Schulden der Kommune ab.

Heute arbeiten fast alle Bundesländer im kommunalen Bereich mit einem neuen System, das auf der doppelten Buchführung (Doppik) basiert, wie du sie vielleicht aus der Privatwirtschaft kennst. Dieses System heißt oft Neues Kommunales Finanzmanagement (NKF) oder ähnlich. Die Doppik erfasst nicht nur Zahlungsströme, sondern auch den Ressourcenverbrauch (Aufwand, z.B. Abschreibungen für die Abnutzung von Gebäuden) und die Ressourcenaufkommen (Erträge, z.B. Steuern, Gebühren). Ziel ist mehr Transparenz über die tatsächliche finanzielle Lage, das Vermögen und die Schulden der Kommune. Du wirst also heute meist auf einen doppischen Haushalt treffen.

Dominanz der Doppik:

In zwölf der dreizehn Flächenländer sowie in den Stadtstaaten Bremen und Hamburg ist die Doppik mittlerweile das verpflichtend anzuwendende Haushaltsführungssystem für Kommunen.

Persistierende Wahlrechte: Bayern und Thüringen halten an einem gesetzlichen Wahlrecht fest, das den Kommunen die Wahl zwischen Kameralistik (in Bayern) bzw. erweiterter Kameralistik (in Thüringen) und Doppik lässt. In beiden Ländern wird die Doppik nur von einer Minderheit der Kommunen angewendet, in Thüringen ist die Quote besonders gering.

Sonderfall Berlin: Als Stadtstaat mit integriertem Landes- und Kommunalhaushalt wendet Berlin weiterhin eine erweiterte Kameralistik an.

Abgeschaffte Wahlrechte: Hessen und Schleswig-Holstein hatten ursprünglich ebenfalls Wahlrechte eingeführt, diese aber später zugunsten einer verpflichtenden Doppik wieder abgeschafft. Dies unterstreicht einen Trend zur Vereinheitlichung, nachdem die anfängliche Reformdynamik zu mehr Divergenz geführt hatte.

Uneinheitliche Namensgebung: Die Reformprojekte tragen in den Ländern unterschiedliche Bezeichnungen (NKF, NKHR, NKFW, NKRS etc.), was die Vergleichbarkeit auf den ersten Blick erschwert.

Aufbau des doppischen Haushalts (vereinfacht)

Ein doppischer Haushaltsplan besteht im Kern aus zwei Teilen (die Bilanz als dritte Komponente zeigt dann das Ergebnis am Jahresende):

- **Ergebnishaushalt**: Vergleichbar mit einer Gewinn- und Verlustrechnung. Hier werden alle erwarteten Erträge (Einnahmen aus Steuern, Gebühren, Zuweisungen etc.) und Aufwendungen (Kosten für Personal, Material, Abschreibungen, Zinsen etc.) für das Haushaltsjahr gegenübergestellt. Er zeigt, ob die Kommune plant, im laufenden Betrieb ihre Ressourcen zu verbrauchen (negatives Ergebnis/Defizit) oder zu mehren (positives Ergebnis/Überschuss).

- **Finanzhaushalt**: Ähnelt einer Kapitalflussrechnung. Hier geht es um die tatsächlichen Einzahlungen und Auszahlungen im Haushaltsjahr, aufgeteilt nach laufender Verwaltungstätigkeit, Investitionen (z.B. Bau einer neuen Schule) und Finanzierungstätigkeit (Kreditaufnahme, Tilgung). Er zeigt, wie sich die liquiden Mittel (das Geld auf dem Konto) voraussichtlich verändern werden.

Der Haushaltsplan in der Praxis: Gliederung, Konten und Erläuterungen

Bürgerinnen und Bürger haben in Deutschland grundsätzlich ein Recht auf Einsicht in den Haushaltsplan ihrer Kommune. Dieses Recht ergibt sich aus den Gemeindeordnungen der Bundesländer und ist Ausdruck des demokratischen Transparenzprinzips und der Beteiligung der Öffentlichkeit an der kommunalen Selbstverwaltung.

Hier ist eine Übersicht über alle 16 Bundesländer mit den Rechtsgrundlagen für das Einsichtsrecht in den kommunalen Haushalt – jeweils mit Verweis auf den relevanten Paragraphen der jeweiligen Gemeindeordnung (oder entsprechenden Vorschrift):

- **Baden-Württemberg**
  Rechtsgrundlage: § 81 Gemeindeordnung (GemO BW)
  Wortlaut: Der Haushaltsplanentwurf ist eine Woche öffentlich auszulegen. Jedermann kann Einsicht nehmen.

- **Bayern**
  Rechtsgrundlage: Art. 65 Gemeindeordnung (GO BY)
  Wortlaut: Der Haushaltsplanentwurf ist eine Woche öffentlich auszulegen. Die Öffentlichkeit ist vorher zu informieren.

- **Berlin**
  Rechtsgrundlage: § 81 Bezirksverwaltungsgesetz (BezVG BE)
  Wortlaut: Der Bezirkshaushaltsplan ist öffentlich bekanntzumachen und zugänglich zu halten.

- **Brandenburg**
  Rechtsgrundlage: § 67 Kommunalverfassung (BbgKVerf)
  Wortlaut: Der Entwurf des Haushaltsplans ist eine Woche öffentlich auszulegen, jedermann kann Einsicht nehmen.

- **Bremen**
  Rechtsgrundlage: § 83 Bremische Gemeindeordnung (BremGO)
  Wortlaut: Haushaltspläne sind nach Beschluss öffentlich zugänglich zu machen.

- **Hamburg**
  Rechtsgrundlage: Kein klassischer § – erfolgt über das Hamburgische Transparenzgesetz (HmbTG)
  Wortlaut: Öffentliche Stellen sind verpflichtet, Haushaltsdaten über ein zentrales Transparenzportal zugänglich zu machen.

- **Hessen**
  Rechtsgrundlage: § 97 Hessische Gemeindeordnung (HGO)

Wortlaut: Der Haushaltsplanentwurf ist öffentlich auszulegen. Die Öffentlichkeit ist rechtzeitig zu informieren.

- **Mecklenburg-Vorpommern**
Rechtsgrundlage: § 47 Kommunalverfassung (KV M-V)
Wortlaut: Der Haushaltsentwurf ist für die Dauer einer Woche öffentlich auszulegen.

- **Niedersachsen**
Rechtsgrundlage: § 112 Niedersächsisches Kommunalverfassungsgesetz (NKomVG)
Wortlaut: Der Haushaltsplanentwurf ist öffentlich auszulegen. Jedermann kann Einsicht nehmen.

- **Nordrhein-Westfalen**
Rechtsgrundlage: § 80 Gemeindeordnung (GO NRW)
Wortlaut: Jedermann kann die Haushaltssatzung mit ihren Anlagen während der Dauer der Auslegung einsehen.

- **Rheinland-Pfalz**
Rechtsgrundlage: § 95 Gemeindeordnung (GemO RP)
Wortlaut: Der Entwurf der Haushaltssatzung ist öffentlich auszulegen. Die Öffentlichkeit ist zu informieren.

- **Saarland**
Rechtsgrundlage: § 84 Kommunalselbstverwaltungsgesetz (KSVG SL)
Wortlaut: Haushaltssatzung und Haushaltsplan sind öffentlich bekanntzumachen und auszulegen.

- **Sachsen**
Rechtsgrundlage: § 76 Sächsische Gemeindeordnung (SächsGemO)
Wortlaut: Der Haushaltsplanentwurf ist eine Woche öffentlich auszulegen, vorher ist bekannt zu machen.

- **Sachsen-Anhalt**

Rechtsgrundlage: § 100 Kommunalverfassungsgesetz (KVG LSA)
Wortlaut: Der Haushaltsplanentwurf ist öffentlich auszulegen. Die Öffentlichkeit ist rechtzeitig zu informieren.

- **Schleswig-Holstein**
  Rechtsgrundlage: § 77 Gemeindeordnung (GO SH)
  Wortlaut: Der Haushaltsentwurf ist öffentlich auszulegen. Die Gemeinde hat Ort und Zeit vorher bekannt zu geben.

- **Thüringen**
  Rechtsgrundlage: § 80 Thüringer Kommunalordnung (ThürKO)
  Wortlaut: Der Haushaltsplanentwurf ist eine Woche öffentlich auszulegen. Jedermann kann ihn einsehen.

In den meisten Gemeindeordnungen ist nur explizit geregelt, dass der **Entwurf** des Haushaltsplans vor der Beschlussfassung öffentlich auszulegen ist und eingesehen werden darf. Das Einsichtsrecht bezieht sich also formal häufig nur auf das Beteiligungsverfahren, nicht automatisch auf den beschlossenen, gültigen Haushalt.

Aber: Auch der beschlossene Haushalt ist in der Praxis öffentlich zugänglich, aus folgenden Gründen:

- **Veröffentlichungspflicht nach Beschluss**
  Viele Gemeindeordnungen oder Kommunalverfassungsgesetze verpflichten die Kommunen, die Haushaltssatzung nach Genehmigung öffentlich bekanntzumachen, meist im Amtsblatt oder auf der Website. Damit wird der Haushaltsplan rechtlich wirksam und muss zugänglich sein.

- **Informationsfreiheit und Transparenzgesetze**
  In fast allen Bundesländern gelten Informationsfreiheitsgesetze (IFG) oder Transparenzgesetze, nach denen Verwaltungsdokumente wie Haushalte auf Antrag oder proaktiv herausgegeben bzw.

46

veröffentlicht werden müssen.

- **Rechtsprechung & Verwaltungspraxis**
  Die Gerichte sehen den Haushaltsplan als „öffentliches
  Dokument", das keinen schutzwürdigen
  Geheimhaltungsinteressen unterliegt. Kommunen, die ihn
  nicht herausgeben, verstoßen in der Regel gegen geltendes
  Transparenzrecht.

Aber wie ist ein Haushalt nun aufgebaut? Wir erklären das am
Doppelhaushalt, weil der Haushalt nach der Kameralistik
selbsterklärend ist:

- **Gliederung**: Der Haushalt ist nicht nur ein großer Topf,
  sondern meist nach Produkten, Produktbereichen oder
  Teilhaushalten gegliedert. Das sind funktionale Bereiche wie
  "Schulen", "Soziale Leistungen", "Straßenbau", "Kultur",
  "Zentrale Verwaltung" etc.

- **Konten und Kontenschärfe**: Innerhalb dieser Bereiche
  werden die Erträge/Einzahlungen und
  Aufwendungen/Auszahlungen auf spezifische Konten
  gebucht (z.B. Konto für "Personalkosten Grundschulen",
  Konto für "Gewerbesteuer", Konto für "Heizöl Turnhallen").
  Die "Kontenschärfe" beschreibt, wie detailliert diese Konten
  im veröffentlichten Haushaltsplan dargestellt werden.
  Manchmal werden Kostenarten zusammengefasst (z.B. alle
  Energiekosten einer Schule unter einem Konto), manchmal
  sind sie sehr fein aufgeschlüsselt.

- **Die wichtigen Erläuterungen**: Zu sehr vielen Positionen
  (Konten oder Produktbudgets) im Haushaltsplan gibt es
  ausführliche Erläuterungen! Diese sind oft der Schlüssel zum
  Verständnis! Hier erklärt die Verwaltung meist, was sich
  hinter der Zahl verbirgt, warum sich der Betrag gegenüber
  dem Vorjahr verändert hat, welche konkreten Maßnahmen
  damit finanziert werden sollen oder welche Einnahmen
  erwartet werden. Nimm dir die Zeit, diese Erläuterungen zu

lesen!

Praxisbeispiele: Informationen im Haushalt finden

Wie findest du nun konkrete Informationen, dazu zwei Beispiele. Zunächst suche im Internet nach dem Haushalt für deine Kommune. Gebe dafür einfach Haushalt und den Namen deiner Kommune als Suchbegriff ein. Du solltest ein PDF finden. Achte darauf, für welches Jahr (beim Doppelhaushalt sind es natürlich zwei Jahre) du den Haushalt findest und lade dir die aktuelle Version herunter. Nun wollen wir mal suchen, welche Mittel die Fraktionen in deiner Kommune erhalten:

Zuwendungen an Fraktionen:
- Suche im (oft durchsuchbaren PDF-) Haushaltsplan nach "Fraktionen" oder "Zuwendungen".

- Finde den Teilhaushalt für "Politische Gremien" oder "Zentrale Verwaltung".

- Suche dort nach dem entsprechenden Ertrags-/Aufwandskonto bzw. der Produktbeschreibung.

- Lies unbedingt die Erläuterungen zu dieser Position! Dort steht oft, wie sich der Betrag zusammensetzt oder auf welcher Grundlage er berechnet wird. Oft müssen sie dort oft sogar in einer separaten Anlage aufgeführt sein.

Als weiteres Beispiel wollen wir mal nach Heizkosten für die Schulen schauen:

- Suche den Teilhaushalt oder Produktbereich "Schulen".

- Suche innerhalb dieses Bereichs nach Aufwandskonten für die Gebäudebewirtschaftung oder Energie.

- Finde die spezifischen Konten für Heizung (z.B. "Heizöl", "Gas", "Fernwärme") oder ein zusammengefasstes Konto "Energiekosten".

- Lies die Erläuterungen! Dort steht vielleicht, für welche Schulen die Kosten gelten oder warum sie gestiegen/gesunken sind.

Sollte der Haushalt nicht duchsuchbar sein, frage einfach bei der Kämerei nach einer durchsuchbaren Version.

Wenn die Details fehlen: Der "kontenscharfe Haushalt"

Manchmal ist der offiziell veröffentlichte Haushaltsplan nicht detailliert genug (geringe "Kontenschärfe"). Was dann?
Du kannst – insbesondere als Mandatsträger oder Fraktion, aber manchmal auch als interessierter Bürger (z.B. über eine IFG-Anfrage) – bei der Kämmerei (Finanzabteilung der Verwaltung) einen detaillierteren, "kontenscharfen" Haushaltsplan oder Auszüge daraus anfordern. Dort sind die Buchungen dann feiner aufgeschlüsselt, was tiefere Einblicke ermöglicht.

Der Haushalt als Recherche-Tool für deine Projekte

Bevor du viel Energie in die Entwicklung eines neuen Vorschlags oder einer Initiative steckst: Wirf einen Blick in den aktuellen Haushaltsplan!

- Gibt es für dein Thema oder ein ähnliches Anliegen vielleicht schon einen Haushaltsansatz (also eingeplantes Geld)?

- Ist eine Maßnahme dazu bereits im Haushalt für die nächsten Jahre vorgesehen?

- Wurde vielleicht Geld dafür eingestellt, aber noch nicht ausgegeben (Haushaltsrest)? Dieses Wissen hilft dir, deine

Forderungen realistischer zu gestalten (z.B. "Aufstockung des Ansatzes XY" statt "komplett neue Finanzierung") und Doppelarbeit zu vermeiden.

Wir stellen fest:

Der Haushaltsplan ist das zentrale finanzielle Steuerungsdokument der Kommune und auf den ersten Blick oft einschüchternd. Aber mit einem Verständnis für den grundsätzlichen Aufbau (Ergebnis-/Finanzhaushalt, Gliederung nach Produkten/Teilhaushalten) und dem Wissen, dass die Erläuterungen oft die wichtigsten Informationen enthalten, kannst du lernen, ihn als wertvolle Informationsquelle zu nutzen. Scheue dich nicht, bei Unklarheiten nachzufragen oder um detailliertere Auswertungen zu bitten. Wer den Haushalt versteht, versteht die finanziellen Spielräume – und Grenzen – der Kommunalpolitik.

Kontrolle ist besser: Rechnungsprüfung in der Kommune

Wo mit öffentlichem Geld gearbeitet wird, muss auch kontrolliert werden, ob alles mit rechten Dingen zugeht. Die Rechnungsprüfung ist deshalb eine zentrale Aufgabe in jeder Kommune und jedem Kreis. Sie soll sicherstellen, dass die Verwaltung gesetzeskonform, wirtschaftlich und korrekt handelt und dass der Haushalt ordnungsgemäß geführt wird. Für diese wichtige Kontrollfunktion gibt es – je nach Größe der Kommune – unterschiedliche Strukturen: das Rechnungsprüfungsamt und den Rechnungsprüfungsausschuss.

1. Das Rechnungsprüfungsamt (RPA) – In Kreisen und größeren Kommunen

Was ist das? In den Kreisen sowie in den größeren Städten und Gemeinden (die genauen Größenschwellen legt das jeweilige Landesrecht fest) gibt es ein eigenes Rechnungsprüfungsamt (RPA).

Das ist eine spezielle Abteilung innerhalb der Verwaltung, die aber eine besondere, unabhängige Stellung hat. Sie ist nur dem Rat bzw. Kreistag (oder dessen Vorsitzenden) unterstellt und nicht den Weisungen des Bürgermeisters oder Landrats unterworfen, was ihre Unabhängigkeit bei der Prüfung der Verwaltung sicherstellen soll. Das RPA ist mit hauptamtlichen Fachleuten (Prüferinnen und Prüfern) besetzt.

Aufgaben: Das RPA hat vielfältige Prüfungsaufgaben. Die wichtigste ist die Prüfung des Jahresabschlusses (also der Bilanz und Ergebnisrechnung am Ende des Jahres). Es prüft aber auch während des Jahres die Haushaltsführung, die Vergabe von Aufträgen, die Wirtschaftlichkeit von Maßnahmen, die Organisation der Verwaltung und kann auch Sonderprüfungen zu bestimmten Vorgängen durchführen.

RPA-Berichte als wertvolle Informationsquelle:

Hier kommt der entscheidende Punkt für dich als politisch Interessierten: Die Berichte des Rechnungsprüfungsamtes (Prüfberichte) sind oft Gold wert! Sie benennen schonungslos (oder zumindest sehr deutlich), wenn etwas nicht korrekt gelaufen ist, wenn Geld verschwendet wurde, wenn Regeln nicht eingehalten wurden oder wo es Ineffizienzen gibt. Sie zeigen auf, "wo es hakt". Diese Berichte werden dem Rechnungsprüfungsausschuss und oft auch dem Rat vorgelegt. Auch wenn vielleicht nicht immer der komplette Bericht öffentlich ist, so werden die wesentlichen Ergebnisse und Empfehlungen oft in öffentlichen Sitzungen (des Ausschusses oder Rates) diskutiert und sind dann auch in den Sitzungsunterlagen (RIS) zu finden. Halte danach Ausschau!

2. Der Rechnungsprüfungsausschuss (RPAu) – Überall vorhanden, aber mit unterschiedlicher Rolle

Was ist das? Jede Kommune und jeder Kreis muss einen

Rechnungsprüfungsausschuss (RPAu) bilden. Das ist ein Fachausschuss des Rates bzw. Kreistages, der mit gewählten Mandatsträgerinnen und Mandatsträgern besetzt ist.

Die Rolle hängt von der Größe ab:
In Kommunen mit einem RPA (Amt): Hier ist die Hauptaufgabe des RPAu, die Berichte des RPA entgegenzunehmen, zu beraten, die Verwaltung und den Bürgermeister/Landrat dazu zu befragen und dem Rat/Kreistag dann eine Empfehlung zu geben – insbesondere zur Feststellung des Jahresabschlusses und zur Entlastung des Bürgermeisters/Landrats (also der formellen Bestätigung, dass die Verwaltung ordnungsgemäß gearbeitet hat). Der Ausschuss prüft hier also nicht selbst im Detail, sondern bewertet die Arbeit des professionellen RPA.

In (meist kleineren) Kommunen ohne ein RPA (Amt): Hier hat der Rechnungsprüfungsausschuss eine viel schwierigere Aufgabe. Er muss die Rechnungsprüfung zu großen Teilen selbst durchführen. Die Mitglieder des Ausschusses (also ehrenamtliche Politiker) müssen sich selbst durch Belege arbeiten, die Haushaltsführung kontrollieren und den Jahresabschluss prüfen. Sie werden dabei zwar oft von Mitarbeiter der Finanzverwaltung (Kämerei) unterstützt, aber es fehlt die unabhängige, professionelle Prüfungsinstanz eines eigenen Amtes.

Unterschiedliche Schlagkraft: Dies führt oft dazu, dass die Prüfungstiefe und -effektivität in kleineren Kommunen ohne eigenes RPA nicht das gleiche Niveau erreichen kann wie in Kommunen mit einem professionellen Prüfungsamt. Den ehrenamtlichen Ausschussmitgliedern fehlen oft die Zeit und die spezifische Fachexpertise, um komplexe Vorgänge bis ins letzte Detail zu durchleuchten, auch wenn sie sich redlich bemühen.

Wie kommst du an die Informationen?

Halte im RIS Ausschau nach Tagesordnungspunkten und Vorlagen des Rechnungsprüfungsausschusses oder nach Berichten des Rechnungsprüfungsamtes. Auch der veröffentlichte Jahresabschluss der Kommune enthält den sogenannten "Bestätigungsvermerk" des

Prüfers, der Hinweise auf mögliche Probleme geben kann. Manchmal berichten auch die lokalen Medien über besonders interessante Prüfergebnisse.

Wir halten fest:

Die Rechnungsprüfung ist ein zentrales Kontrollinstrument der Kommunalpolitik. Wo ein professionelles Rechnungsprüfungsamt existiert, sind dessen Berichte oft eine sehr ergiebige (und manchmal kritische) Informationsquelle, um hinter die Kulissen der Verwaltung zu blicken. In kleineren Kommunen liegt die Prüfverantwortung direkt beim Ausschuss, was die Kontrollmöglichkeiten in der Praxis einschränken kann. Das Wissen um diese Strukturen hilft dir, Berichte und Diskussionen zur Finanzkontrolle richtig einzuordnen.

Typische Ratsentscheidungen im Fokus: Bauleitplanung, Vergabe und Großprojekte

Der Rat befasst sich mit einer riesigen Bandbreite an Themen. Einige Arten von Entscheidungen sind jedoch besonders häufig, haben weitreichende Konsequenzen für die Entwicklung der Kommune und sind oft auch besonders komplex. Dazu gehören vor allem die Planungshoheit (wo darf was gebaut werden?), die Vergabe von Aufträgen (wofür wird Geld ausgegeben?) und die Begleitung von Großprojekten. Wir konzentrieren uns hier auf die Entscheidungen im Gemeinde- oder Stadtrat (den Kreistag lassen wir an dieser Stelle außen vor, da er z.B. keine Bauleitplanung macht).

1. Bauleitplanung: Flächennutzungsplan (FNP) und Bebauungsplan (B-Plan)

Die wichtigste Aufgabe zur Steuerung der räumlichen Entwicklung ist die Bauleitplanung, die im Baugesetzbuch (BauGB) geregelt ist. Sie liegt in der Hoheit der Gemeinde ("Planungshoheit"). Die zwei zentralen Instrumente sind:

Der Flächennutzungsplan (FNP):

- **Was?** Der FNP ist der vorbereitende Bauleitplan für das gesamte Gemeindegebiet.

- **Inhalt?** Er stellt in Grundzügen dar, welche Art der Bodennutzung für welche Flächen vorgesehen ist (z.b. Wohnbauflächen, Gewerbegebiete, Grünflächen, Hauptverkehrswege). Er ist eher grobmaßstäblich.

- **Wirkung?** Er ist nur für Behörden verbindlich, nicht direkt für Bürger. Er schafft also kein Baurecht, sondern setzt den Rahmen für die nachfolgenden, detaillierteren Pläne.

Der Bebauungsplan (B-Plan):

- **Was?** Der B-Plan ist der verbindliche Bauleitplan, der für einen Teilbereich des Gemeindegebiets aufgestellt wird (z.B. ein neues Wohngebiet, ein Gewerbegebiet, die Innenstadt). Er muss aus dem FNP entwickelt werden.

- **Inhalt?** Er enthält rechtsverbindliche Festsetzungen für die einzelnen Grundstücke, z.b. Art der Nutzung (Wohnen, Gewerbe...), Maß der baulichen Nutzung (Geschosshöhe, Grundflächenzahl), Bauweise (offen, geschlossen), überbaubare Grundstücksfläche, oft auch Details wie Dachform oder Bepflanzungen.

- **Wirkung?** Erst der B-Plan schafft für den Bürger unmittelbar Baurecht oder schränkt es ein. Er ist eine Satzung (lokales Gesetz).

Das Verfahren (stark vereinfacht):

Die Aufstellung oder Änderung von Bauleitplänen ist ein komplexer, formalisierter Prozess, der sich über lange Zeit hinziehen kann:

- **Aufstellungsbeschluss**: Der Rat beschließt, einen Plan aufzustellen oder zu ändern.

- Frühzeitige Beteiligung: Bürger und Behörden ("Träger öffentlicher Belange", TÖB) werden frühzeitig informiert und können Stellungnahmen abgeben.

- **Entwurfsbeschluss**: Der Rat billigt einen konkreten Planentwurf.

- **Öffentliche Auslegung**: Der Entwurf liegt mit allen relevanten Unterlagen (z.B. Umweltbericht, Gutachten) für meist einen Monat öffentlich aus. Jeder kann in dieser Zeit Stellungnahmen abgeben. Parallel werden wieder die TÖB beteiligt.

- **Abwägung**: Die Verwaltung prüft alle eingegangenen Stellungnahmen und schlägt dem Rat vor, wie damit umzugehen ist. Der Rat muss alle privaten und öffentlichen Belange gegeneinander und untereinander gerecht abwägen – dies ist ein rechtlich sehr wichtiger Schritt!

- **Satzungsbeschluss**: Wenn alle Stellungnahmen abgewogen sind, beschließt der Rat den B-Plan endgültig als Satzung. Mit der Bekanntmachung wird er rechtskräftig.

2. Vergabe von Aufträgen: Das wirtschaftlichste Angebot gewinnt!

Kommunen vergeben ständig Aufträge – für Bauleistungen (Straßenbau, Gebäudesanierung), Lieferungen (Büromaterial, Fahrzeuge) und Dienstleistungen (Reinigung, Softwareentwicklung,

Planungsleistungen). Bei größeren Aufträgen (oberhalb bestimmter Schwellenwerte) entscheidet oft der Rat oder ein zuständiger Ausschuss über die Vergabe.

Wichtiger Grundsatz: Wirtschaftlichkeit vor Billigstpreis!

Es hält sich hartnäckig der Irrglaube, die Kommune müsse immer das "billigste" Angebot nehmen. Das ist falsch! Das deutsche und europäische Vergaberecht (geregelt z.b. in der Vergabeverordnung VgV, der Unterschwellenvergabeordnung UVgO oder der VOB/A für Bauleistungen) schreibt vor, dass der Zuschlag auf das wirtschaftlichste Angebot zu erteilen ist.

Was bedeutet "wirtschaftlichst"? Das wirtschaftlichste Angebot ist das mit dem besten Preis-Leistungs-Verhältnis. Neben dem Preis können und sollen auch andere Kriterien berücksichtigt werden, wie zum Beispiel:

- Qualität der Leistung
- Technische Merkmale, Funktionalität
- Umwelteigenschaften (Nachhaltigkeit)
- Soziale Aspekte (z.B. Ausbildungsplätze, Tariftreue)
- Betriebs- und Folgekosten
- Lieferfristen, Kundendienst, Organisation

Dass bei der Vergabe von öffentlichen Aufträgen neben dem Preis auch soziale Aspekte als Kriterium zur Ermittlung des wirtschaftlichsten Angebots herangezogen werden dürfen, ist elementar und entspricht der aktuellen Rechtslage im deutschen und europäischen Vergaberecht.

Hier die **Begründung**:

- **Gesetz gegen Wettbewerbsbeschränkungen (GWB):** Der zentrale § 127 Abs. 1 GWB legt fest: "Der Zuschlag wird auf das wirtschaftlichste Angebot erteilt. [...] Zu dessen Ermittlung können neben dem Preis oder den Kosten auch qualitative, umweltbezogene oder soziale Aspekte berücksichtigt werden." Das Gesetz nennt soziale Aspekte also ausdrücklich als mögliches Kriterium für die Wirtschaftlichkeit.

- **Vergabeverordnung (VgV) und Unterschwellenvergabeordnung (UVgO)**: Diese Verordnungen konkretisieren das GWB. Sowohl § 58 Abs. 2 VgV (für EU-weite Vergaben) als auch § 43 Abs. 2 UVgO (für nationale Vergaben unterhalb der EU-Schwellenwerte) listen beispielhaft Kriterien auf, die zur Bestimmung des wirtschaftlichsten Angebots herangezogen werden können. Beide nennen explizit "soziale Merkmale" als mögliches Qualitätskriterium.

Was sind "soziale Aspekte"? Darunter fallen Kriterien wie z.B.:

- Einhaltung von Tariftreue und Mindestlohnstandards.
- Einhaltung der ILO-Kernarbeitsnormen.
- Förderung der Ausbildung oder Beschäftigung von Langzeitarbeitslosen oder Menschen mit Behinderungen.
- Aspekte des Fairen Handels.
- Frauenförderung.

Landesvergabegesetze: Viele Bundesländer gehen sogar noch weiter und schreiben die Berücksichtigung bestimmter sozialer (und ökologischer) Aspekte bei öffentlichen Aufträgen ab einer bestimmten Wertgrenze verbindlich vor (z.B. die Einhaltung von Tariftreue oder ILO-Kernarbeitsnormen).

Voraussetzungen: Natürlich dürfen soziale Kriterien nicht willkürlich angewendet werden. Sie müssen:

- einen Bezug zum Auftragsgegenstand haben.
- in der Ausschreibung transparent gemacht werden (inklusive ihrer Gewichtung).
- diskriminierungsfrei formuliert sein.

Zusammenfassend lässt sich also sagen: Die Berücksichtigung sozialer Aspekte bei der Vergabe öffentlicher Aufträge ist nicht nur erlaubt, sondern vom Gesetzgeber ausdrücklich vorgesehen und in vielen Bundesländern für bestimmte Kriterien sogar verpflichtend, um das wirtschaftlichste – nicht nur das billigste – Angebot zu ermitteln.

Transparenz:

Welche Kriterien neben dem Preis wie stark gewichtet werden, muss die Kommune vor der Ausschreibung festlegen und bekannt machen.

Wenn du eine Vergabeentscheidung bewertest, schau nicht nur auf den Preis! Frage nach den anderen Kriterien und wie sie gewichtet wurden. Das "wirtschaftlichste" ist nicht automatisch das "billigste".

3. Großprojekte: Warum es oft teurer wird (besonders bei Software!)

Ob der Bau einer neuen Stadthalle, die Sanierung des Schwimmbads, eine Ortsumgehung oder die Einführung einer neuen Verwaltungssoftware – kommunale Großprojekte haben oft die unangenehme Eigenschaft, am Ende deutlich teurer zu werden und länger zu dauern als ursprünglich geplant.

Mögliche Gründe (bei Bauprojekten): Unterschätzung der Kosten in frühen Planungsphasen (manchmal auch, um politische Zustimmung zu bekommen), unerwartete Probleme im Baugrund, stark steigende Baupreise während langer Projektlaufzeiten, Insolvenz von beauftragten Firmen, Planungsfehler, **Änderungswünsche während des Baus** ("Scope Creep").

Besonderheit Software-/IT-Projekte: Wie du richtig anmerkst, ist das Problem bei Software- und IT-Projekten in der öffentlichen Verwaltung oft noch viel ausgeprägter! Hier scheitern Projekte überdurchschnittlich oft oder sprengen massiv den Kosten- und Zeitrahmen. Gründe dafür können sein:

- Unklare oder sich ändernde Anforderungen an die Software.
- Schneller Technologiewandel während der Projektlaufzeit.
- Schwierige Integration in bestehende IT-Landschaften.
- Unterschätzung des Aufwands für Customizing (Anpassung), Schulung und Einführung (Change Management).
- Starke Abhängigkeit von einzelnen Anbietern.
- Schwierigkeiten bei der genauen Leistungsbeschreibung in der Ausschreibung.

Was bedeutet das für den Rat? Mandatsträger sollten bei Großprojekten sehr kritisch auf die Kosten- und Zeitpläne schauen, Puffer einplanen lassen, ein gutes Projektcontrolling einfordern und bei Änderungswünschen deren Auswirkungen genau prüfen. Gerade bei IT-Projekten ist besondere Vorsicht und Expertise gefragt.

Zusammenfassend:

Bauleitplanung, Vergabe und die Begleitung von Großprojekten sind zentrale, oft sehr komplexe Aufgabenfelder des Gemeinde- oder Stadtrats. Ein grundlegendes Verständnis der Verfahren (z.B. bei B-Plänen), der rechtlichen Vorgaben (z.B. "wirtschaftlichstes Angebot") und der typischen Risiken (z.B. Kostensteigerungen, besonders bei IT) ist unerlässlich, um hier fundiert mitwirken zu können.

Teil 2: Mitmachen ohne Mandat – Instrumente für Bürger

Okay, das Fundament steht! Du hast jetzt einen Überblick darüber, was Kommunalpolitik ist, wer die wichtigen Akteure sind, nach welchen Regeln gespielt wird und wo du an Informationen kommst. Das ist die notwendige Basis. Aber Wissen allein bewegt noch keine Gemeinde oder Stadt. Deshalb geht es in diesem zweiten Teil jetzt ans Eingemachte: Wie kannst du selbst aktiv werden und dich einmischen?

Die gute Nachricht, die wir schon in der Einleitung angekündigt haben: Du musst dafür kein gewähltes Ratsmitglied sein und auch kein Parteibuch in der Tasche haben! Unsere Demokratie sieht eine ganze Reihe von Rechten und Instrumenten vor, die allen Bürgerinnen und Bürgern zur Verfügung stehen, um ihre Stimme zu erheben, Anliegen vorzubringen und Einfluss auf die lokale Politik zu nehmen.

Genau diese Werkzeuge für dein direktes Engagement schauen wir uns in diesem Teil genauer an. Wir werden unter anderem beleuchten:

- Wie du ganz offiziell Anregungen, Vorschläge oder auch Beschwerden in die politische Debatte einbringen kannst – und zwar so, dass sie von den zuständigen Gremien auch behandelt werden müssen. (Die genauen Bezeichnungen und Regeln dafür unterscheiden sich je nach Bundesland).

- Welche Wege es gibt, Fragen an die Verwaltung und die Politik zu stellen, um Informationen zu erhalten oder auf Probleme aufmerksam zu machen – sei es schriftlich oder vielleicht sogar mündlich in bestimmten Sitzungen.

- Welche (je nach Bundesland sehr unterschiedlichen!) Möglichkeiten es gibt, gemeinsam mit anderen Unterstützung für ein Anliegen zu sammeln und ihm mehr Nachdruck zu verleihen, z.B. über Einwohneranträge oder Petitionen.

- Wie du dich vielleicht auch in anderen Formen der Bürgerbeteiligung einbringen kannst, falls deine Kommune solche anbietet (z.B. Bürgerwerkstätten, Online-Dialoge).

Diese Instrumente sind dein „direkter Draht" ins Rathaus oder Kreishaus. Sie sind dein Recht als Bürgerin oder Bürger, dich zu beteiligen, Themen auf die Tagesordnung zu bringen, nachzuhaken und mitzugestalten.

Natürlich ist das kein Wunschkonzert. Nicht jede Anregung führt sofort zum Erfolg, und manchmal braucht es einen langen Atem und gute Argumente, um etwas zu erreichen. Aber diese Werkzeuge existieren, sie sind dein verbrieftes Recht, und es lohnt sich definitiv, sie zu kennen und zu nutzen!

Fangen wir also mit einem der grundlegendsten Rechte an, das dir in der einen oder anderen Form fast überall zur Verfügung steht: Der Möglichkeit, Anregungen und Beschwerden an deine Kommune zu richten.

Das Recht auf Anregung und Beschwerde:

Dein stärkstes Werkzeug: Jeder Einwohner kann es nutzen!
In NRW sind es die Paragrafen 21 der Kreisordnung bzw. 24 der Gemeindeordnung, die besagen, dass jeder Einwohner Anregungen und Beschwerden an Rat oder Kreistag senden kann. Diese müssen sich dann damit befassen, wenn es sich um legale Angelegenheiten handelt, die in ihre Zuständigkeiten fallen.

Im Übrigen ist dieses Recht schon eingeschränkt worden. Denn noch vor einigen Jahren bezog sich dieses Recht in NRW nicht nur auf die Einwohner der Kommunen sondern wurde jedem zugestanden, also etwa auch den Einwohnern der Nachbarkommunen.

Ähnliche Regelungen gibt es auch in den anderen Bundesländern:

In den meisten deutschen Bundesländern gibt es, wie in NRW, Regelungen zum Petitionsrecht auf kommunaler Ebene, die es Bürgern ermöglichen, Anregungen und Beschwerden an die kommunalen Vertretungen (Gemeinderat, Stadtrat, Kreistag) zu richten. Diese Regelungen finden sich in den jeweiligen Kommunalverfassungen (Gemeindeordnungen, Landkreisordnungen etc.) der Länder.

Hier ist eine Übersicht über die Regelungen in den anderen Bundesländern (Stand 2025, Abweichungen und spezifische Details können in den jeweiligen Gesetzen nachgelesen werden):

Land	Regelung (Beispiele)	Gesetzliche Grundlage (Beispiele)
Baden-Württe mberg	Jedermann hat das Recht, sich einzeln oder in Gemeinschaft mit anderen schriftlich mit Anregungen oder Beschwerden in Angelegenheiten der Gemeinde an den Gemeinderat zu wenden.	§ 20b Gemeindeordnung (GemO)
Bayern	Jeder Einwohner hat das Recht, sich einzeln oder in Gemeinschaft mit anderen schriftlich mit Vorschlägen, Anregungen oder Beschwerden in Angelegenheiten der Gemeinde an den Gemeinderat zu wenden.	Art. 18a Gemeindeordnung (GO)
Berlin	Jede Person hat das Recht, sich einzeln oder in Gemeinschaft mit anderen schriftlich mit Anregungen oder Beschwerden an die Bezirksverordnetenversammlung zu wenden.	§ 14 Bezirksverwaltungsgesetz (BezVG)
Brande nburg	Jeder hat das Recht, sich einzeln oder in Gemeinschaft mit anderen schriftlich mit Anregungen oder Beschwerden in Angelegenheiten der Gemeinde an die Gemeindevertretung zu wenden.	§ 14 Kommunalverfassung des Landes Brandenburg (BbgKVerf)
Breme n	Jede Person hat das Recht, sich einzeln oder in Gemeinschaft mit anderen mit Bitten oder Beschwerden an die Bürgerschaft (Landtag) und die Stadtbürgerschaft zu wenden. (Kombiniertes Landes- und Kommunalpetitionsrecht)	Art. 76 Landesverfassung; § 16 Geschäftsordnung der Stadtbürgerschaft
Hambu rg	Jede Person hat das Recht, sich einzeln oder in Gemeinschaft mit anderen mit Bitten oder Beschwerden	Art. 33 Verfassung der Freien und Hansestadt Hamburg; § 15 Bezirksverwaltungsgesetz

	an die Bürgerschaft und die Bezirksversammlungen zu wenden. (Kombiniertes Landes- und Kommunalpetitionsrecht)	(BezVG)
Hessen	Jedermann hat das Recht, sich einzeln oder in Gemeinschaft mit anderen schriftlich mit Anregungen und Beschwerden an die Gemeindevertretung oder den Kreistag zu wenden.	§ 8a Hessische Gemeindeordnung (HGO); § 6a Hessische Landkreisordnung (HKO)
Mecklenburg-Vorpommern	Jeder hat das Recht, sich einzeln oder in Gemeinschaft mit anderen schriftlich mit Anregungen oder Beschwerden in Angelegenheiten der Gemeinde oder des Landkreises an die Gemeindevertretung oder den Kreistag zu wenden.	§ 18 Kommunalverfassung für das Land Mecklenburg-Vorpommern (KV M-V)
Niedersachsen	Einwohnerinnen und Einwohner haben das Recht, sich einzeln oder in Gemeinschaft mit anderen schriftlich mit Anregungen oder Beschwerden in Angelegenheiten der Kommune an die Vertretung zu wenden.	§ 34 Niedersächsisches Kommunalverfassungsgesetz (NKomVG)
Nordrhein-Westfalen	(1) Jede Einwohnerin oder jeder Einwohner der Gemeinde, die oder der seit mindestens drei Monaten in der Gemeinde wohnt, hat das Recht, sich einzeln oder in Gemeinschaft mit anderen in Textform nach § 126b des Bürgerlichen Gesetzbuches mit Anregungen oder Beschwerden in Angelegenheiten der Gemeinde an den Rat oder die Bezirksvertretung zu wenden. Die Zuständigkeiten der Ausschüsse, der Bezirksvertretungen und des Bürgermeisters werden hierdurch nicht berührt. Die Erledigung von Anregungen und Beschwerden kann der Rat einem Ausschuß übertragen. Der	§ 24 Gemeindeordnung (GO NRW), § 21 Kreisordnung (KrO NRW)

	Antragsteller ist über die Stellungnahme zu den Anregungen und Beschwerden zu unterrichten. (2) Die näheren Einzelheiten regelt die Hauptsatzung.	
Rheinl and-Pf alz	Jeder hat das Recht, sich einzeln oder in Gemeinschaft mit anderen schriftlich mit Anregungen oder Beschwerden in Selbstverwaltungsangelegenheiten der Gemeinde an den Gemeinderat zu wenden.	§ 17 Gemeindeordnung (GemO)
Saarla nd	Jeder Einwohner hat das Recht, sich einzeln oder in Gemeinschaft mit anderen schriftlich mit Anregungen oder Beschwerden in Angelegenheiten der Gemeinde an den Gemeinderat zu wenden.	§ 21 Kommunalselbstverwaltungsge setz (KSVG)
Sachs en	Jeder hat das Recht, sich einzeln oder in Gemeinschaft mit anderen schriftlich mit Vorschlägen, Anregungen oder Beschwerden in Angelegenheiten der Gemeinde an den Gemeinderat oder in Angelegenheiten des Landkreises an den Kreistag zu wenden.	§ 22 Sächsische Gemeindeordnung (SächsGemO); § 19 Sächsische Landkreisordnung (SächsLKrO)
Sachs en-Anh alt	Jeder hat das Recht, sich einzeln oder in Gemeinschaft mit anderen schriftlich mit Anregungen oder Beschwerden in Angelegenheiten der Kommune an die Vertretung zu wenden.	§ 27 Kommunalverfassungsgesetz des Landes Sachsen-Anhalt (KVG LSA)
Schles wig-Ho lstein	Jede Person hat das Recht, sich einzeln oder in Gemeinschaft mit anderen schriftlich mit Anregungen oder Beschwerden in Angelegenheiten der Gemeinde oder des Kreises an die Gemeindevertretung oder den	§ 16e Gemeindeordnung (GO); § 13d Kreisordnung (KrO)

	Kreistag zu wenden.	
Thürin gen	Jeder hat das Recht, sich einzeln oder in Gemeinschaft mit anderen schriftlich mit Anregungen oder Beschwerden in Angelegenheiten der Gemeinde oder des Landkreises an den Gemeinderat oder den Kreistag zu wenden.	§ 16 Thüringer Kommunalordnung (ThürKO)

Zusammenfassend lässt sich sagen:

- Grundsatz: Das Petitionsrecht auf kommunaler Ebene ist in allen deutschen Flächenländern und Stadtstaaten gesetzlich verankert.
- Berechtigte: Meist ist "jedermann" oder "jede Person" berechtigt, Petitionen einzureichen. Einige Länder beschränken dies auf "Einwohner".
- Form: In der Regel müssen Petitionen schriftlich eingereicht werden.
- Adressat: Die Petitionen sind an die jeweilige kommunale Vertretung (Gemeinderat, Stadtrat, Kreistag, Bezirksverordnetenversammlung etc.) zu richten.
- Inhalt: Sie können sich auf Anregungen oder Beschwerden in Angelegenheiten der Kommune beziehen. Teilweise wird dies auf Selbstverwaltungsangelegenheiten beschränkt.

Die Regelungen sind also sehr ähnlich zu denen in Nordrhein-Westfalen, auch wenn die genauen Paragraphen und Bezeichnungen der Gesetze variieren. Das Grundprinzip der kommunalen Petition als Ausfluss des Petitionsrechts des Grundgesetzes ist bundesweit etabliert.

Wie funktioniert's? Von der Einreichung bis zur Behandlung in Ausschuss und Rat/Kreistag.

Wir haben gelernt: Eines der grundlegendsten und wichtigsten

Werkzeuge, das dir als Bürgerin oder Bürger zur Verfügung steht, ist das Recht, Anregungen und Beschwerden an deine Kommune zu richten. Egal, ob du eine zündende Idee für dein Viertel hast, dich über einen Missstand ärgerst oder einen konkreten Verbesserungsvorschlag machen möchtest – dieses Recht gibt dir die Möglichkeit, dich offiziell Gehör zu verschaffen. Man kann es als die kommunale Ausprägung des allgemeinen Petitionsrechts sehen, das im Grundgesetz (Artikel 17) verankert ist.

Was ist das genau und wie funktioniert's?

- Was kannst du einreichen? Im Grunde alles, was die Angelegenheiten deiner Gemeinde, Stadt oder deines Landkreises betrifft: Vorschläge zur Verbesserung öffentlicher Einrichtungen, Ideen für neue Projekte, Kritik an bestehenden Zuständen, Beschwerden über Maßnahmen der Verwaltung etc.

- Wie reichst du es ein? Das Beste daran: Die Hürden sind meist sehr niedrig. In der Regel genügt ein formloses Schreiben an die Verwaltung deiner Kommune (Gemeinde, Stadt, Landkreis). Oft ist das sogar per E-Mail möglich! Wichtig ist, dass du dein Anliegen klar und verständlich beschreibst und deinen Namen und deine Adresse angibst, damit man dir antworten kann. Spezielle Formulare oder Gebühren sind normalerweise nicht nötig.

Was passiert dann damit? Der typische Weg durch die Gremien

Deine Anregung verschwindet nicht einfach in einer Schublade. Die Kommune ist verpflichtet, sich damit zu befassen. Der genaue Weg kann sich je nach Bundesland und den lokalen Regelungen (z.B. in der Hauptsatzung) unterscheiden, aber ein häufiger und typischer Ablauf sieht ungefähr so aus:

- Eingang und erste Prüfung: Deine Eingabe geht bei der Verwaltung ein. Oft wird sie dann zuerst einem speziell zuständigen Ausschuss vorgelegt. Das kann der Hauptausschuss sein, oder es gibt einen eigenen "Anregungs- und Beschwerdeausschuss", "Petitionsausschuss" oder ähnliches. Dieser prüft zunächst formale Aspekte: Ist die Kommune überhaupt zuständig? Ist der Vorschlag völlig unrealistisch oder rechtswidrig?

- Verweisung an den Fachausschuss: Wenn deine Anregung diese erste Prüfung besteht, wird sie in der Regel an den fachlich zuständigen Ausschuss weitergeleitet (verwiesen). Dein Vorschlag zum Thema Verkehrssicherheit landet also im Verkehrsausschuss, die Idee für einen Jugendtreff im Jugendhilfeausschuss usw.

- Inhaltliche Beratung im Fachausschuss: Hier wird dein Anliegen nun inhaltlich diskutiert. Die Mitglieder des Fachausschusses beraten über deinen Vorschlag oder deine Beschwerde und geben am Ende eine Empfehlung ab, wie weiter damit verfahren werden soll (z.B. "Der Anregung folgen", "Ablehnen", "Prüfauftrag an die Verwaltung").

- Entscheidung im Rat/Kreistag: Schließlich wird das Thema – meist zusammen mit den Empfehlungen der beteiligten Ausschüsse – dem Rat bzw. Kreistag zur endgültigen Beschlussfassung vorgelegt. Dieser entscheidet dann final oder nimmt das Ergebnis der Beratungen zur Kenntnis.

Wichtig: Auch wenn dieser Ablauf sehr verbreitet ist, schau zur Sicherheit in die Hauptsatzung oder die Geschäftsordnung deiner Kommune! Dort findest du die lokal gültigen, genauen Regelungen zum Verfahren.

Oft werden die Einreicher auch eingeladen und erhalten die Gelegenheit ihr Anliegen zu begründen. Aber auch das ist nicht überall gleich.

Warum ist dieses Recht so wertvoll?

Auch wenn nicht jede Anregung sofort eins zu eins umgesetzt wird:

Dieses Instrument ist mächtiger, als es vielleicht scheint!

- Offizielle Behandlung: Dein Anliegen wird offiziell registriert und muss von Politik und Verwaltung bearbeitet werden.

- Thema auf der Agenda: Du bringst dein Thema auf die offizielle politische Tagesordnung.

- Nachvollziehbarkeit: Es entsteht eine "Papier-Spur", der Vorgang ist dokumentiert.

- Niedrige Schwelle: Es ist eine sehr einfache Möglichkeit, dich einzubringen, ohne große Hürden.

Nutze dieses Recht! Es ist ein Kernstück der Bürgerbeteiligung und eine tolle Möglichkeit, deine Perspektive einzubringen und vielleicht etwas in deiner Kommune anzustoßen. Trau dich, deine Ideen und deine Kritik zu formulieren und auf den offiziellen Weg zu bringen!

Praxisbeispiel: Wie eine Anregung aussehen könnte.

Absender:
Maria Musterfrau
Beispielweg 15
12345 Musterstadt
maria.musterfrau@email.de (Optional, aber hilfreich für schnelle Rückfragen)
Tel: 01234 / 56789 (Optional)

Empfänger:
An die
Bürgermeisterin der Stadt Musterstadt (Oder: An den Bürgermeister / An die Verwaltung / An den Rat)
Rathausplatz 1
12345 Musterstadt

Datum: 28. Juni 2025

Betreff: Anregung zur Einrichtung einer Hundewiese in Musterstadt

Sehr geehrte Frau Bürgermeisterin Müller,

(oder: Sehr geehrte Damen und Herren,)

hiermit reiche ich als Bürgerin der Stadt Musterstadt, gestützt auf das Recht auf Anregungen gemäß der Kommunalverfassung unseres Bundeslandes [Optional: Ggf. genaue Fundstelle nennen, z.B. § 24 Gemeindeordnung NRW], folgende Anregung ein:

Ich rege an, die Einrichtung einer offiziell ausgewiesenen und eingezäunten Hundewiese (Hundeauslauffläche) in Musterstadt zu prüfen und umzusetzen.

Begründung:

In Musterstadt gibt es eine hohe Zahl von Hunden und somit auch einen großen Bedarf an sicheren und legalen Möglichkeiten für den notwendigen Freilauf der Tiere. Aktuell fehlt eine solche dedizierte Fläche. Dies führt immer wieder zu Situationen, in denen Hunde in Parks oder Grünanlagen frei laufen gelassen werden, obwohl dort oft Leinenpflicht besteht, was zu Konflikten mit anderen Erholungssuchenden führen kann.

Die Einrichtung einer Hundewiese hätte aus meiner Sicht mehrere Vorteile:

1. Artgerechte Haltung: Hunde benötigen freien Lauf für ihre körperliche und soziale Entwicklung. Eine Hundewiese ermöglicht dies auf sichere Weise.

2. Sozialverträglichkeit: Sie fördert das soziale Miteinander der Hunde und ihrer Halter.

3. Konfliktvermeidung: Sie reduziert Nutzungskonflikte in anderen öffentlichen Grünflächen. Spaziergänger, Jogger oder Familien mit Kindern fühlen sich weniger gestört.

4. Sauberkeit: Mit entsprechenden Kotbeutelspendern und Abfallbehältern ausgestattet, kann eine Hundewiese dazu beitragen, die Verschmutzung anderer Bereiche zu verringern.

5. Attraktivität: Ein solches Angebot steigert die Lebensqualität für Hundehalterinnen und Hundehalter und macht Musterstadt attraktiver.

Als möglicher Standort könnte beispielsweise die brachliegende Fläche an der [fiktiver Ort, z.B. alten Gärtnerei / neben dem Klärwerk / am Waldrand Richtung Nachbarort] oder eine andere von der Verwaltung als geeignet geprüfte Fläche dienen. Wichtig wären eine ausreichende Größe, eine sichere Einzäunung und idealerweise einige Sitzgelegenheiten sowie Abfallbehälter und Kotbeutelspender.

Ich bitte Sie höflich, meine Anregung wohlwollend zu prüfen und sie zur Beratung an die zuständigen Fachausschüsse (vermutlich z.B. der Umwelt- und Planungsausschuss oder der Ausschuss für öffentliche Ordnung) und anschließend zur Entscheidung an den Stadtrat [oder Gemeinderat etc.] weiterzuleiten.

Für eventuelle Rückfragen stehe ich Ihnen gerne zur Verfügung.

Vielen Dank für Ihre Zeit und Mühe.

Mit freundlichen Grüßen

Maria Musterfrau

(Handschriftliche Unterschrift bei Briefversand)

Wichtige Anmerkungen zu diesem Beispiel:

- Klarheit: Das Anliegen ist klar formuliert.

- Begründung: Es werden nachvollziehbare Gründe genannt (Bedarf, Vorteile).

- Konstruktiv: Es wird ein (optionaler) Lösungsvorschlag (Standort) gemacht, ohne dogmatisch darauf zu bestehen.

- Höflichkeit: Der Ton ist sachlich und höflich.

- Formalia: Absender, Empfänger, Datum, Betreff und Grußformel sind enthalten.

- Anpassung: Denke daran, den Empfänger (Bürgermeister/in, allgemeine Verwaltung), die Grußformel und ggf. die Ausschussbezeichnungen an deine Kommune anzupassen. Die Erwähnung der genauen Rechtsgrundlage ist optional, kann aber zeigen, dass du dich informiert hast.

Dieses Beispiel soll dir eine Vorstellung geben, wie einfach und direkt eine solche Anregung sein kann.

Das Recht auf Fragen: Wissen ist Macht (auch in der Kommunalpolitik)

Neben der Möglichkeit, eigene Ideen und Vorschläge einzubringen, hast du als Bürgerin oder Bürger in der Regel auch das Recht, Fragen zu stellen. Das ist ein weiteres zentrales Element der Demokratie und deiner Beteiligungsmöglichkeiten vor Ort. Denn nur wer informiert ist, kann sich fundiert eine Meinung bilden und mitreden. Fragen zu stellen ist außerdem ein Weg, Transparenz einzufordern und die Verwaltung sowie die Politik zur Rechenschaft zu ziehen.

Dieses Recht auf Fragen kann verschiedene Formen annehmen:

Die alltägliche Anfrage bei der Verwaltung:

Das ist die einfachste Form: Du hast eine konkrete Frage zu einer Dienstleistung oder einem Verfahren der Verwaltung (z.B. "Wann wird meine Straße gereinigt?", "Welche Unterlagen brauche ich für den Bauantrag?", "Wie sind die Öffnungszeiten des Schwimmbads?"). Solche Fragen kannst du meist formlos per Telefon, E-Mail oder persönlich im zuständigen Amt klären. Das ist normaler Bürgerservice.

Formellere schriftliche Fragen / Bitten um Auskunft:

Basierend auf dem allgemeinen Petitionsrecht (Artikel 17 Grundgesetz), das dir erlaubt, dich mit "Bitten" an Behörden zu wenden, kannst du oft auch formellere schriftliche Fragen zu bestimmten Sachthemen einreichen, mit der Bitte um eine offizielle Auskunft durch die Verwaltung oder den Bürgermeister/Landrat. Die genauen Regelungen und die Reaktionspflichten können hier aber weniger klar definiert sein als bei den Anfragen von Ratsmitgliedern.

Die Einwohnerfragestunde (oder Bürgerfragestunde):

Das ist das bekannteste und formalisierteste Instrument, um als Bürger direkt Fragen in einem politischen Gremium zu stellen. Viele – aber nicht alle! – Kommunen in Deutschland bieten eine solche Fragestunde an, meist im Rahmen der Sitzung des Rates, Gemeinderats oder Kreistages.

- Was ist das? Ein fester Zeitrahmen (oft zu Beginn oder Ende der öffentlichen Sitzung), in dem Einwohnerinnen und Einwohner Fragen zu Angelegenheiten der Kommune stellen können.

- Wer antwortet? In der Regel antwortet der Bürgermeister/Landrat oder ein von ihm beauftragter Vertreter der Verwaltung. Manchmal können Fragen auch an die Fraktionen gerichtet sein.

Aber Achtung: Extreme Unterschiede! Die Regeln für die Einwohnerfragestunde sind von Bundesland zu Bundesland und vor allem von Kommune zu Kommune SEHR unterschiedlich!

- **Existenz:** Gibt es sie überhaupt?

- **Häufigkeit/Dauer:** Wie oft findet sie statt? Wie viel Zeit ist dafür vorgesehen?

- **Verfahren:** Müssen Fragen vorher schriftlich eingereicht werden oder sind spontane Fragen möglich? Wie viele Fragen/Nachfragen sind erlaubt?

- **Themen:** Sind nur Fragen zu Themen auf der aktuellen Tagesordnung erlaubt oder zu allgemeinen kommunalen Angelegenheiten? Oft sind allgemeine politische Meinungsäußerungen nicht gestattet.

Unbedingt prüfen! Informiere dich zwingend auf der Webseite deiner Kommune oder wirf einen Blick in die Hauptsatzung und/oder die Geschäftsordnung des Rates/Kreistages. Dort findest du die genauen Spielregeln für die Einwohnerfragestunde bei dir vor Ort!

Kleine Tipps fürs Fragen (besonders in der Fragestunde):

- Sei vorbereitet: Überlege dir deine Frage genau.
- Fasse dich kurz und klar: Komm auf den Punkt.
- Bleib sachlich und höflich: Auch wenn dich etwas ärgert.
- Fokus auf Lokales: Beziehe dich auf Angelegenheiten deiner Kommune (oft eine Regel!).
- Eine Frage nach der anderen: Oft ist nur eine Frage (+ ggf. kurze Nachfrage) erlaubt.

Noch einen Schritt weiter: Zugang zu amtlichen Informationen nach dem Informationsfreiheitsgesetz (IFG)

Neben dem Stellen von Fragen gibt es noch ein weiteres, oft sehr mächtiges Instrument, um an Informationen von Behörden zu gelangen: das Recht auf Zugang zu amtlichen Informationen. Dieses Recht basiert auf dem Informationsfreiheitsgesetz (IFG) des Bundes und – was für die Kommunalpolitik entscheidend ist – auf eigenen

Informationsfreiheits- oder Transparenzgesetzen der meisten Bundesländer.

Was ist das IFG? Diese Gesetze geben grundsätzlich jeder Person (nicht nur deutschen Staatsbürgern!) das Recht, von Behörden Zugang zu bereits vorhandenen amtlichen Informationen zu verlangen. Das können zum Beispiel sein:

- Verträge, die die Kommune geschlossen hat (z.B. mit Energieversorgern, Entsorgungsfirmen).

- Gutachten und Studien, die die Verwaltung in Auftrag gegeben hat.

- Statistiken, die nicht anderweitig veröffentlicht sind.
- Interne Verwaltungsvorschriften oder Aktenvermerke zu bestimmten Vorgängen.

- Protokolle von Sitzungen (soweit sie nicht ohnehin öffentlich sind). Der Zweck dahinter ist klar: Verwaltungshandeln soll transparenter und für die Öffentlichkeit kontrollierbar werden.

Achtung: Ländersache!

Hier ist es extrem wichtig zu wissen: Die genaue Ausgestaltung dieses Rechts und sogar seine Existenz unterscheidet sich von Bundesland zu Bundesland! Die meisten Länder haben ein IFG oder ein ähnliches Transparenzgesetz, das auch für Kommunen gilt. Einige wenige Bundesländer (wie z.B. Bayern, Niedersachsen und Sachsen – Stand meines Wissens 2025, bitte aktuell prüfen!) haben jedoch kein allgemeines IFG auf Landesebene, was den Zugang zu kommunalen Informationen dort erschweren kann. Prüfe also unbedingt die Rechtslage in deinem spezifischen Bundesland!

Wie funktioniert's?

Du stellst einen (meist formlosen) Antrag bei der Behörde, von der du die Information möchtest (z.B. deiner Stadtverwaltung). Darin solltest du möglichst genau beschreiben, welche Information oder welches Dokument du suchst. Die Behörde muss deinen Antrag prüfen und dir entweder Zugang gewähren, mitteilen, dass sie die Information nicht hat, oder den Zugang mit einer Begründung ablehnen (es gibt gesetzliche Ausnahmen, z.b. zum Schutz personenbezogener Daten, von Betriebsgeheimnissen oder Sicherheitsinteressen). Für den Aufwand können Gebühren anfallen, einfache Auskünfte sind aber oft kostenlos.

Hilfe durch FragDenStaat.de:

Das klingt vielleicht erstmal etwas aufwändig, aber es gibt eine großartige Unterstützung: Die unabhängige, gemeinnützige Online-Plattform FragDenStaat.de (www.fragdenstaat.de), betrieben von der Open Knowledge Foundation Deutschland.

- Was macht die Plattform? Sie hilft dir, IFG-Anfragen (und Anfragen nach anderen Auskunftsgesetzen wie Umweltinformationsgesetzen) einfach zu formulieren, findet die zuständige Behörde und versendet die Anfrage für dich.

- Zusätzliche Transparenz: Das Besondere ist, dass deine Anfrage und die Antwort der Behörde (wenn du zustimmst) auf der Plattform veröffentlicht werden. So entsteht ein riesiges Archiv an Informationen, das auch anderen hilft, und der Druck auf Behörden, transparent zu antworten, steigt.

- Empfehlung: Wenn du gezielt an bestimmte Dokumente oder Informationen deiner Kommune kommen willst, ist FragDenStaat.de ein extrem hilfreiches Werkzeug!

Warum solltest du Fragen stellen?

Nutze dein Recht auf Information! Ob durch eine einfache E-Mail an die Verwaltung oder durch eine gezielte Frage in der Einwohnerfragestunde – Fragen zu stellen ist ein wichtiger Weg, um am Ball zu bleiben, Transparenz einzufordern und den Dialog mit Politik und Verwaltung zu suchen. Trau dich, nachzuhaken! Du solltest Fragen stellen ...

- um Informationen aus erster Hand zu erhalten.
- um Unklarheiten zu beseitigen oder Gerüchten entgegenzuwirken.
- um die Verwaltung oder Politik auf Probleme oder Missstände aufmerksam zu machen.
- um zu zeigen, dass ein Thema für die Bürgerinnen und Bürger relevant ist.
- um die Verantwortlichen zur Rechenschaft zu ziehen.

Die "Königsdisziplin": Bürgerbegehren und Bürgerentscheid

Neben den Möglichkeiten, Anregungen zu geben oder Fragen zu stellen, gibt es in Deutschland auf kommunaler Ebene noch ein deutlich weitergehendes Instrument, mit dem Bürgerinnen und Bürger direkt Einfluss auf Sachentscheidungen nehmen können: das Bürgerbegehren und den darauf folgenden Bürgerentscheid. Das ist sozusagen die "direkte Demokratie" vor Ort, mit der ihr unter bestimmten Voraussetzungen sogar Entscheidungen des Rates oder Kreistages korrigieren oder erzwingen könnt.

Was ist ein Bürgerbegehren? (Die Initiative)

- **Definition:** Ein Bürgerbegehren ist ein Antrag von Bürgerinnen und Bürgern, über eine bestimmte, klar definierte kommunale Angelegenheit einen Bürgerentscheid (also eine Abstimmung aller Wahlberechtigten) herbeizuführen.

- **Ziel:** Oft wird damit versucht, einen Beschluss des Rates/Kreistages rückgängig zu machen (kassatorisches Begehren) oder die Kommune zu einem bestimmten Handeln zu bewegen, das die Politik bisher ablehnt oder nicht angeht (initiierendes Begehren).

Hürde 1: Zulässige Themen:

Nicht über alles kann ein Bürgerbegehren gestartet werden! Die Kommunalverfassungen der Bundesländer schließen bestimmte Themen aus. Häufige Ausschlüsse sind:

- Der Haushaltsplan und die Höhe der kommunalen Abgaben (Steuern, Gebühren).

- Die innere Organisation der Verwaltung.

- Die Rechtsverhältnisse der Ratsmitglieder und der Verwaltungsmitarbeiter.

- Entscheidungen in laufenden Planfeststellungs- oder Gerichtsverfahren.

- Oft auch: Die Bauleitplanung (Bebauungspläne) während des förmlichen Verfahrens (hier gibt es aber je nach Land Unterschiede!).

Die Liste der ausgeschlossenen Themen variiert stark von Bundesland zu Bundesland!

Hürde 2: Formale Anforderungen:

Ein Bürgerbegehren muss meist eine klar mit „Ja" oder „Nein" zu beantwortende Frage enthalten, oft eine Schätzung der Kosten, die bei einem Erfolg entstehen würden, und Vertrauenspersonen benennen, die als Ansprechpartner fungieren.

Hürde 3: Das Unterschriftenquorum:

Das ist die größte praktische Herausforderung! Um das Bürgerbegehren einzureichen, müssen die Initiatoren innerhalb einer bestimmten Frist (oft 3 bis 6 Monate) eine festgelegte Anzahl von Unterschriften wahlberechtigter Bürgerinnen und Bürger aus der

Kommune oder dem Kreis sammeln. Wie viele Unterschriften das sind (z.B. 3%, 5%, 7%, 10% der Wahlberechtigten, manchmal mit Obergrenzen), ist von Bundesland zu Bundesland und oft auch nach Gemeindegröße extrem unterschiedlich! Das Sammeln erfordert eine enorme Organisation und viel Engagement.

Was passiert nach erfolgreicher Unterschriftensammlung?

Wurden genug gültige Unterschriften gesammelt und ist das Begehren auch inhaltlich zulässig, prüft der Rat/Kreistag dies formal. Ist das Begehren zulässig, hat der Rat/Kreistag meist zwei Möglichkeiten:

- **Er entspricht dem Begehren**: Der Rat/Kreistag beschließt genau das, was das Bürgerbegehren fordert. Dann findet kein Bürgerentscheid statt.

- **Er entspricht dem Begehren nicht**: Dann muss innerhalb einer bestimmten Frist (meist wenige Monate) der Bürgerentscheid durchgeführt werden.

Was ist ein Bürgerentscheid? (Die Abstimmung)

Definition: Der Bürgerentscheid ist die Abstimmung aller wahlberechtigten Bürgerinnen und Bürger über die Frage, die im Bürgerbegehren formuliert wurde. Er wirkt wie ein Beschluss des Rates/Kreistages.

Hürde 4: Das Zustimmungsquorum:

Damit der Bürgerentscheid erfolgreich ist (also die im Begehren formulierte Position angenommen wird), reicht eine einfache Mehrheit der Abstimmenden oft nicht aus! Es müssen meist zwei Bedingungen erfüllt sein:

- Die Mehrheit der gültigen Stimmen muss auf "Ja" (bzw. auf

die Seite, die das Begehren unterstützt) lauten.

- Diese Mehrheit muss gleichzeitig einen bestimmten Prozentsatz aller Wahlberechtigten in der Kommune oder dem Kreis erreichen (z.B. 15%, 20%, 25%). Dieses sogenannte Zustimmungs- oder Beteiligungsquorum soll verhindern, dass kleine, aber gut mobilisierte Gruppen weitreichende Entscheidungen treffen. Auch dieses Quorum ist von Bundesland zu Bundesland sehr unterschiedlich!

- Bindungswirkung: Ist der Bürgerentscheid erfolgreich, ist er für eine bestimmte Zeit (oft 2 oder 3 Jahre) bindend und kann vom Rat/Kreistag nicht einfach wieder geändert werden.

Wichtiger Hinweis:

Bürgerbegehren und Bürgerentscheid sind mächtige, aber auch komplexe Instrumente. Die Regeln dafür sind extrem detailliert und unterscheiden sich in jedem Bundesland erheblich! Wenn du so etwas planst, musst du dich unbedingt intensiv mit der Kommunalverfassung (Gemeindeordnung, Kreisordnung, KVG etc.) deines Bundeslandes und eventuellen lokalen Satzungen dazu auseinandersetzen. Organisationen wie "Mehr Demokratie e.V." bieten oft gute Informationen und Beratung dazu an.

Fazit zu Bürgerbegehren und Bürgerentscheid:

Mit Bürgerbegehren und Bürgerentscheid können Bürger direkten Einfluss auf Sachentscheidungen nehmen. Es ist das "schärfste Schwert" der direkten Demokratie auf kommunaler Ebene, erfordert aber aufgrund der hohen Hürden (Themenzulässigkeit, Unterschriften, Quoren) eine sehr gute Organisation, viel Engagement und genaue Kenntnis der Spielregeln in deinem Bundesland.

Die folgende Tabelle bietet einen Überblick über die primären gesetzlichen Grundlagen für Bürgerbegehren und Bürgerentscheide in den 16 Bundesländern.

Bundesland	Primäres Gesetz	Schlüsselparagraf(en) für Bürgerbegehren / Bürgerentscheid
Baden-Württemberg	Gemeindeordnung (GO)	§ 21
Bayern	Gemeindeordnung (GO), Landkreisordnung (LKrO)	Art. 18a GO, Art. 12a LKrO
Berlin (Bezirke)	Bezirksverwaltungsgesetz (BezVG)	§§ 45-47 (früher §§ 40-42)
Brandenburg	Kommunalverfassung des Landes Brandenburg (BbgKVerf)	§ 15
Bremen (Stadt)	Landesverfassung (Art. 69-71), Volksentscheidsgesetz (VolksEntschG)	§§ 8-26 VolksEntschG
Bremerhaven (Stadt)	Verfassung der Stadt Bremerhaven, Bürgerbeteiligungsgesetz (BüBetG)	§ 15b Verf Brhv, §§ 1-4, 6, 8 BüBetG
Hamburg (Bezirke)	Bezirksverwaltungsgesetz (BezVG)	§ 32
Hessen	Hessische Gemeindeordnung (HGO)	§ 8b
Mecklenburg-Vorpommern	Kommunalverfassung (KV M-V)	§ 20 (Gemeinde), § 102 (Landkreis)
Niedersachsen	Niedersächsisches Kommunalverfassungsgesetz (NKomVG)	§§ 32, 33
Nordrhein-Westfalen	Gemeindeordnung (GO NRW), Kreisordnung (KrO NRW)	§ 26 GO NRW, § 23 KrO NRW
Rheinland-Pfalz	Gemeindeordnung (GemO), Landkreisordnung (LKO)	§ 17a GemO, § 11e LKO
Saarland	Kommunalselbstverwaltungsgesetz (KSVG)	§ 21a (Gemeinde), § 153a (Landkreis)
Sachsen	Sächsische Gemeindeordnung	§ 24, 25 SächsGemO, §

	(SächsGemO), Sächsische Landkreisordnung (SächsLKrO)	22 SächsLKrO
Sachsen-Anhalt	Kommunalverfassungsgesetz (KVG LSA)	§ 27
Schleswig-Holstein	Gemeindeordnung (GO), Kreisordnung (KrO)	§ 16g GO, § 16f KrO
Thüringen	Thüringer Kommunalordnung (ThürKO)	§ 17 (Gemeinde), § 96a (Landkreis)

Mitmachen ohne Parteibindung: Geht das überhaupt? (Spoiler: Ja!)

Wir haben uns jetzt verschiedene Werkzeuge angeschaut, mit denen du dich als Bürger direkt einbringen kannst: Anregungen schreiben, Fragen stellen, Informationen anfordern. Vielleicht denkst du aber: Schön und gut, aber um wirklich etwas zu erreichen, muss ich doch über kurz oder lang einer Partei beitreten, oder?

Die klare Antwort darauf ist: Nein, musst du nicht! Kommunalpolitisches Engagement ist ausdrücklich auch ohne Parteibuch möglich und sinnvoll. Es gibt viele gute Gründe, warum Menschen sich dafür entscheiden, sich parteiunabhängig für ihre Kommune einzusetzen:

Wer sich für die Arbeit mit und in einer Partei entscheidet trägt auch immer deren überörtliche Programmatik mit, selbst wenn das gar nicht gewollt ist. Du bist also in einem gewissen Maße damit auch immer ein Fürsprecher dieser Partei, allein damit dass Du Mitglied bist.

Das ist einer der Gründe weshalb es Sinn machen kann, ohne Parteibindung in der Kommunalpolitik aktiv zu werden. Weitere sind:

- Keine vollständige Übereinstimmung: Vielleicht findest du einfach keine Partei, deren Gesamtprogramm du auf Bundes- oder Landesebene unterstützen möchtest, selbst wenn dir die lokalen Vertreterinnen und Vertreter sympathisch sind und gute Arbeit leisten. Du möchtest nicht für Dinge auf übergeordneter Ebene "mithaften", die du nicht teilst.

- Fokus auf Sachthemen: Möglicherweise möchtest du dich lieber auf konkrete lokale Sachthemen konzentrieren, die dir wichtig sind (z.B. Umweltschutz, Verkehr, Bildung), ohne dich in die gesamte Bandbreite einer Parteipolitik oder Ideologie einbinden zu lassen.

- Ablehnung von Parteistrukturen: Vielleicht stehst du etablierten Parteien und ihren Strukturen generell kritisch gegenüber oder fühlst dich dort nicht wohl.

- Überparteilicher Ansatz: Du bist vielleicht der Meinung, dass lokale Probleme am besten sachbezogen oder im Konsens über Parteigrenzen hinweg gelöst werden sollten.

All diese Beweggründe sind absolut legitim. Parteien sind zwar wichtige Akteure in unserer Demokratie, aber sie sind nicht der einzige Weg zur politischen Teilhabe, schon gar nicht auf kommunaler Ebene.

Wie funktioniert Engagement ohne Parteibindung in der Praxis?

- Nutze die Bürgerrechte: Alle Instrumente, die wir in diesem Teil besprochen haben – das Recht auf Anregungen und Beschwerden, das Recht auf Fragen (auch in der Einwohnerfragestunde), das Recht auf Informationszugang nach dem IFG – stehen dir unabhängig von einer Parteimitgliedschaft zu! Sie sind dein Fundament als engagierte Bürgerin oder engagierter Bürger.

- Besuche Sitzungen: Geh zu den öffentlichen Sitzungen von Ausschüssen und dem Rat/Kreistag. Höre zu, informiere dich, sprich in den Pausen oder nach der Sitzung vielleicht auch mal direkt mit den Politikerinnen und Politikern oder der

Verwaltungsspitze.

- Schließe dich Initiativen an: Oft gibt es schon Bürgerinitiativen oder lokale Gruppen, die sich für bestimmte Themen einsetzen (z.B. "Mehr Grün in Musterstadt", "Tempo 30 vor der Schule", "Rettet das Freibad"). Hier kannst du Gleichgesinnte treffen und gemeinsam mehr erreichen.

- Gründe selbst eine Initiative: Wenn es zu deinem Thema noch keine Gruppe gibt – gründe eine! Sprich mit Nachbarn, Freunden, Kollegen. Oft reicht schon ein kleiner Kreis engagierter Leute, um etwas anzustoßen.

- Öffentlichkeit herstellen: Nutze Leserbriefspalten in der Lokalzeitung, soziale Medien oder verteile Flugblätter, um auf dein Anliegen aufmerksam zu machen und Unterstützung zu mobilisieren.

Ist es ohne Partei schwieriger?

Ehrlicherweise muss man sagen: Eine Parteimitgliedschaft kann Vorteile bringen. Man ist Teil eines organisierten Netzwerks, hat oft leichteren Zugang zu Informationen, Schulungen und finanziellen Ressourcen. Der Weg in formale politische Ämter (als Sachkundiger Bürger oder Mandatsträger) führt meist über die Nominierung durch eine Partei oder eine Wählergemeinschaft.

Aber das bedeutet nicht, dass parteiloses Engagement keine Wirkung hat! Gerade auf der lokalen Ebene, wo es oft um sehr konkrete Sachthemen geht und persönliche Bekanntheit eine Rolle spielt, können engagierte Einzelpersonen und parteiunabhängige Gruppen oft viel bewegen und wichtige Impulse setzen.

Ausblick: Wenn du dich noch organisierter und schlagkräftiger engagieren möchtest, aber weiterhin unabhängig von den etablierten Parteien bleiben willst, gibt es auch dafür Möglichkeiten – zum Beispiel die Gründung oder die Mitarbeit in einer freien Wählergemeinschaft. Das ist eine Gruppe von Bürgerinnen und Bürgern, die zur Kommunalwahl antritt, ohne eine Partei im klassischen Sinne zu sein. Darauf werden wir im nächsten Teil des Buches genauer eingehen.

Also: Lass dich nicht entmutigen, wenn du dich keiner Partei zugehörig fühlst! Dein Engagement als parteiloser Bürger ist wertvoll und wichtig für eine lebendige lokale Demokratie. Nutze die Werkzeuge, die dir zur Verfügung stehen, suche dir Verbündete und bring deine Perspektive ein!

Teil 3: Der Weg ins Mandat und die organisierte Politik

Im letzten Teil haben wir gesehen, wie vielfältig die Möglichkeiten sind, sich als Bürgerin oder Bürger auch ohne Parteibuch und ohne offizielles Amt Gehör zu verschaffen und Dinge anzustoßen. Das ist die Basis und für viele vielleicht auch genau das richtige Maß an Engagement.

Aber was, wenn du noch mehr willst? Wenn du nicht nur von außen Anregungen geben, sondern direkt an den Entscheidungen mitwirken möchtest? Wenn du bereit bist, tiefer in die Themen einzusteigen, regelmäßig an Sitzungen teilzunehmen und mehr Verantwortung für die Gestaltung deiner Kommune oder deines Kreises zu übernehmen?

Dann bist du in diesem dritten Teil des Buches genau richtig! Hier geht es jetzt um den Weg in die organisierte Politik und in formale Ämter und Funktionen auf kommunaler Ebene. Wir verlassen die Rolle des externen Impulsgebers und schauen uns an, wie man Teil des "politischen Betriebs" wird.

Dabei werden wir folgende Themen beleuchten:

- Die **Mitarbeit in Ausschüssen**: Wie kannst du als "Sachkundiger Bürger" (oder eine ähnlich benannte Funktion – die Bezeichnungen und genauen Rechte können je nach Bundesland variieren!) dein Fachwissen oder deine

Perspektive direkt in die Ausschussarbeit einbringen?

- **Der Weg ins gewählte Mandat**: Wie wird man eigentlich Mitglied im Rat, Gemeinderat, Stadtrat oder Kreistag? Welche Voraussetzungen gibt es?

- **Parteien vs. Wählergemeinschaften**: Welche Rolle spielen die politischen Parteien bei der Kandidatenaufstellung? Was sind Wählergemeinschaften (oder Wählervereinigungen) und wie gründet man eine bzw. tritt für sie an (inklusive des Themas Unterschriftensammlung)?

- **Organisation im "Parlament"**: Wie organisieren sich die Gewählten nach der Wahl? Was sind Fraktionen und Gruppen und welche unterschiedlichen Rechte haben sie?

- **Finanzielle Rahmenbedingungen**: Wir werfen auch einen Blick darauf, wie dieses Engagement entschädigt wird (Entschädigungsverordnung) und wie Fraktionen finanziell ausgestattet werden (Zuwendungen).

Dieser Schritt in die organisierte Politik bedeutet, von innen mitzugestalten. Du sitzt mit am Tisch, diskutierst, verhandelst, stimmst ab und trägst die Entscheidungen mit. Das ist eine anspruchsvolle, aber auch sehr erfüllende Aufgabe.

Klar ist aber auch: Dieser Weg erfordert in der Regel mehr Zeit und ein höheres Maß an Verbindlichkeit als das Engagement als Einzelperson. Meist ist er auch verbunden mit der Zugehörigkeit zu einer organisierten Gruppe – sei es eine Partei oder eine Wählergemeinschaft.

Aber keine Sorge, auch dieser Weg ist kein Hexenwerk! Dieses Kapitel will dir die Strukturen und Prozesse näherbringen und dir zeigen, welche Schritte notwendig sind, wenn du dich entscheidest, diesen Weg des Engagements zu gehen. Das Wissen aus den ersten beiden Teilen über die Grundlagen und die Bürgerrechte ist dabei natürlich eine wertvolle Basis.

Starten wir mit einer weit verbreiteten Möglichkeit, schon vor einem möglichen Einzug in den Rat oder Kreistag aktiv in den Fachausschüssen mitzuwirken: der Rolle als Sachkundige Bürgerin oder Sachkundiger Bürger.

Sachkundige Bürger / Sachkundige Einwohner:

Wenn du dich noch intensiver als durch Anregungen und Fragen einbringen möchtest, aber (noch) kein gewähltes Mandat im Rat oder Kreistag anstrebst, gibt es in vielen Kommunen eine interessante Zwischenstufe: die Mitarbeit als Sachkundige Bürgerin oder Sachkundiger Bürger.

Was ist das und gibt es das überall?

- **Die Grundidee**: Sachkundige Bürger (die Abkürzung SKB ist gebräuchlich) sind Personen, die nicht Mitglied des Rates/Kreistages sind, aber aufgrund ihrer Expertise oder ihres besonderen Interesses in bestimmten Fachausschüssen mitarbeiten. Sie sollen externes Wissen und die Perspektive der Bürgerschaft direkt in die Beratungen einfließen lassen.
- Aber Achtung – **Ländersache!** Dies ist wieder ein Bereich, der in jedem Bundesland anders geregelt ist!
- Namen: Die Bezeichnung "Sachkundiger Bürger" ist weit verbreitet, aber es gibt auch andere Begriffe wie "sachkundige Einwohner", "bürgerliches Mitglied", "beratendes Mitglied" oder ähnliches. Oft bezeichnen diese ähnliche Funktionen.
- **Existenz**: Nicht in jedem Bundesland gibt es dieses Instrument in dieser Form für alle Ausschüsse. Manchmal ist die Mitarbeit von Externen nur in bestimmten Ausschüssen vorgesehen oder ganz anders geregelt.
- **Rechte:** Auch die Rechte variieren stark! In manchen Ländern und Kommunen haben Sachkundige Bürger in den

Ausschusssitzungen volles Rede- und sogar Stimmrecht, in anderen dürfen sie nur beraten (also sprechen, aber nicht abstimmen).

- **Fazit:** Du musst dich unbedingt in der Kommunalverfassung deines Bundeslandes und in der Hauptsatzung deiner Kommune informieren, ob und wie diese Funktion bei dir vor Ort ausgestaltet ist!

Sachkundige Bürger und vergleichbare Funktionen in deutschen Kommunalparlamenten

Eine Übersicht über Sachkundige Bürger bzw. vergleichbare Funktionen in den verschiedenen Bundesländern folgt hier.

- **Baden-Württemberg (BW)**
  Bezeichnung: Sachkundige Einwohner
  Existenz: Ja
  Ernennungsmethode: Wahl durch den Gemeinderat
  Stimmrecht: Ja in beschließenden Ausschüssen, Nein in beratenden Ausschüssen
  Rede-/Antragsrecht: Ja
  Hauptausschuss-Ausschluss: Ja (implizit)
  Numerische Grenze/Quorum: Ja (dürfen nicht mehr sein als Gemeinderäte im Ausschuss)

- **Bayern (BY)**
  Bezeichnung: Keine
  Existenz: Nein
  Ernennungsmethode: Nicht anwendbar
  Stimmrecht: Nicht anwendbar
  Rede-/Antragsrecht: Nicht anwendbar
  Hauptausschuss-Ausschluss: Nicht anwendbar
  Numerische Grenze/Quorum: Nicht anwendbar

- **Berlin (BE)**
  Bezeichnung: Bürgerdeputierte
  Existenz: Ja
  Ernennungsmethode: Wahl durch die
  Bezirksverordnetenversammlung (BVV)
  Stimmrecht: Ja
  Rede-/Antragsrecht: Ja
  Hauptausschuss-Ausschluss: Ja (implizit)
  Numerische Grenze/Quorum: Ja (BVV-Mehrheit nötig)

- **Brandenburg (BB)**
  Bezeichnung: Sachkundige Einwohner
  Existenz: Ja
  Ernennungsmethode: Berufung durch die
  Gemeindevertretung
  Stimmrecht: Nein (beratend)
  Rede-/Antragsrecht: Ja
  Hauptausschuss-Ausschluss: Ja
  Numerische Grenze/Quorum: Nein (Empfehlung: < 50%)

- **Bremen (HB)**
  Bezeichnung: Deputierte
  Existenz: Ja
  Ernennungsmethode: Wahl durch die Bürgerschaft
  Stimmrecht: Ja
  Rede-/Antragsrecht: Ja
  Hauptausschuss-Ausschluss: Nicht anwendbar
  Numerische Grenze/Quorum: Nein (Anzahl durch
  Bürgerschaft festgelegt)

- **Hamburg (HH) (Bezirksebene)**
  Bezeichnung: Zubenannte Bürger
  Existenz: Ja
  Ernennungsmethode: Benennung durch die Fraktionen
  Stimmrecht: Ja

Rede-/Antragsrecht: Ja
Hauptausschuss-Ausschluss: Ja
Numerische Grenze/Quorum: Ja (max. 1/2 Fraktionssitze, aufgerundet)

- **Hessen (HE)**
Bezeichnung: Keine
Existenz: Nein
Ernennungsmethode: Nicht anwendbar
Stimmrecht: Nicht anwendbar
Rede-/Antragsrecht: Nicht anwendbar
Hauptausschuss-Ausschluss: Nicht anwendbar
Numerische Grenze/Quorum: Nicht anwendbar

- **Mecklenburg-Vorpommern (MV)**
Bezeichnung: Sachkundige Einwohner
Existenz: Ja
Ernennungsmethode: Berufung durch die Gemeindevertretung
Stimmrecht: Ja (in beratenden Ausschüssen)
Rede-/Antragsrecht: Ja
Hauptausschuss-Ausschluss: Ja
Numerische Grenze/Quorum: Ja (Mehrheit muss Gemeindevertretung sein)

- **Niedersachsen (NI)**
Bezeichnung: Andere Personen / Sachkundige Bürger
Existenz: Ja
Ernennungsmethode: Benennung durch die Fraktionen
Stimmrecht: Ja (in Ausschüssen nach § 73 NKomVG), Nein (in Ausschüssen nach § 71 NKomVG)
Rede-/Antragsrecht: Ja
Hauptausschuss-Ausschluss: Ja
Numerische Grenze/Quorum: Ja (§ 71: mind. 2/3 Räte)

- **Nordrhein-Westfalen (NRW)**
  Bezeichnung: Sachkundige Bürger / Sachkundige Einwohner
  Existenz: Ja
  Ernennungsmethode: Wahl durch Rat/Kreistag
  Stimmrecht: Ja (Bürger), Nein (Einwohner)
  Rede-/Antragsrecht: Ja
  Hauptausschuss-Ausschluss: Ja
  Numerische Grenze/Quorum: Ja (Bürger < Räte; Quorum:
  Räte > Bürger anwesend)

- **Rheinland-Pfalz (RP)**
  Bezeichnung: Beratende Mitglieder
  Existenz: Ja
  Ernennungsmethode: Bestellung durch den Gemeinderat
  Stimmrecht: Nein (beratend)
  Rede-/Antragsrecht: Ja
  Hauptausschuss-Ausschluss: Ja (implizit)
  Numerische Grenze/Quorum: Ja (dürfen nicht mehr sein als
  Gemeinderäte im Ausschuss)

- **Saarland (SL)**
  Bezeichnung: Keine
  Existenz: Nein
  Ernennungsmethode: Nicht anwendbar
  Stimmrecht: Nicht anwendbar
  Rede-/Antragsrecht: Nicht anwendbar
  Hauptausschuss-Ausschluss: Nicht anwendbar
  Numerische Grenze/Quorum: Nicht anwendbar

- **Sachsen (SN)**
  Bezeichnung: Sachkundige Einwohner
  (hinzugezogen/berufen/Beirat)
  Existenz: Ja
  Ernennungsmethode: Hinzuziehung/Berufung/Bestellung
  Stimmrecht: Ja (Beirat), Nein (Ausschuss)

Rede-/Antragsrecht: Ja
Hauptausschuss-Ausschluss: Ja (implizit)
Numerische Grenze/Quorum: Ja (dürfen nicht mehr sein als
Gemeinderäte im Ausschuss)

- **Sachsen-Anhalt (ST)**
Bezeichnung: Sachkundige Einwohner
Existenz: Ja
Ernennungsmethode: Berufung durch die Vertretung
Stimmrecht: Nein (beratend)
Rede-/Antragsrecht: Ja
Hauptausschuss-Ausschluss: Ja (implizit)
Numerische Grenze/Quorum: Ja (dürfen nicht mehr sein als
Mitglieder der Vertretung im Ausschuss)

- **Schleswig-Holstein (SH)**
Bezeichnung: Bürgerliche Mitglieder / Wählbare Bürger
Existenz: Ja
Ernennungsmethode: Wahl durch die Gemeindevertretung
Stimmrecht: Ja
Rede-/Antragsrecht: Ja
Hauptausschuss-Ausschluss: Ja
Numerische Grenze/Quorum: Ja (Mehrheit muss
Gemeindevertretung sein)

- **Thüringen (TH)**
Bezeichnung: Sachkundige Bürger
Existenz: Ja
Ernennungsmethode: Berufung durch den Gemeinderat
Stimmrecht: Nein (beratend)
Rede-/Antragsrecht: Ja
Hauptausschuss-Ausschluss: Ja
Numerische Grenze/Quorum: Nein (aber Spiegelbildlichkeit
der Fraktionen beachten)

Wir bleiben im Folgenden bei der Bezeichnung Sachkundige Bürger, auch wenn diese ja nach Bundesland unterschiedlich bezeichnet werden.

Was machen Sachkundige Bürger typischerweise?

Wo es sie gibt, nehmen sie an den Sitzungen des Fachausschusses teil, für den sie benannt wurden. Sie erhalten die Sitzungsunterlagen (Vorlagen etc.) und können sich an den Diskussionen beteiligen. Sie bringen ihre spezifische Sichtweise ein – sei es als Experte für ein Thema (z.B. der Architekt im Bauausschuss) oder als Vertreter einer bestimmten Gruppe (z.B. der Elternvertreter im Schulausschuss). Im Hauptgremium (Rat/Kreistag) haben sie jedoch keine besonderen Rechte.

Die "Sachkunde" – Mehr als nur Fachexpertise?

Der Name legt nahe, dass man ein ausgewiesener Experte sein muss. Das ist die Theorie. In der Praxis, gerade in kleineren Kommunen oder bei kleineren Fraktionen, sieht es oft anders aus. Natürlich ist Fachwissen willkommen, aber oft geht es den Fraktionen genauso sehr um:

- Engagement und Interesse: Menschen, die sich wirklich für das Thema des Ausschusses interessieren.

- Zeitliche Verfügbarkeit: Die Bereitschaft, regelmäßig an (oft abendlichen) Ausschusssitzungen teilzunehmen und sich vorzubereiten.

- Verlässlichkeit: Personen, auf die sich die Fraktion verlassen kann. Die "Sachkunde" kann also auch einfach aus Lebenserfahrung, gesundem Menschenverstand und der Bereitschaft zum Einarbeiten bestehen.

Wie wird man Sachkundiger Bürger?

- Vorschlag durch Fraktionen/Gruppen: Du wirst nicht direkt von der Kommune berufen. Der Weg führt über die Fraktionen oder politischen Gruppen, die im Rat oder Kreistag vertreten sind. Diese haben das Recht, für die Ausschüsse Sachkundige Bürger vorzuschlagen (die Anzahl richtet sich meist nach der Stärke der Fraktion).

- Bestätigung durch Rat/Kreistag: Die vorgeschlagenen Personen werden dann vom Rat bzw. Kreistag formal gewählt oder bestätigt.

- Dein Weg: Wenn du Interesse hast, ist der beste Ansatz: Gehe aktiv auf die Fraktionen oder Gruppen zu, deren politische Richtung dir am ehesten entspricht oder von denen du glaubst, dass dein Thema dort gut aufgehoben ist. Stelle dich vor, erkläre dein Interesse am spezifischen Ausschuss und biete deine Mitarbeit an.

Große Chance für Parteiunabhängige!

Hier kommt ein wichtiger Punkt, den wir gerade angesprochen haben: Gerade kleinere Fraktionen oder Gruppen, besonders in kreisangehörigen Gemeinden, haben oft Mühe, alle ihnen zustehenden Plätze in den Ausschüssen mit engagierten und geeigneten eigenen Parteimitgliedern zu besetzen. Sie sind deshalb häufig sehr dankbar und offen dafür, auch parteilose, aber engagierte und thematisch passende Personen als Sachkundige Bürger zu benennen! Wenn du also kein Parteibuch hast, aber bereit bist, dich konstruktiv in die Ausschussarbeit einzubringen und eine Fraktion zu unterstützen, stehen deine Chancen oft gar nicht schlecht.

Zusammenfassung:

Die Mitarbeit als Sachkundiger Bürger (oder in einer ähnlichen

Funktion, falls es sie in deinem Bundesland gibt) ist eine hervorragende Möglichkeit, tiefer in die Kommunalpolitik einzusteigen, Fachthemen aktiv mitzugestalten und wertvolle Einblicke zu gewinnen – ohne selbst gewählt sein zu müssen und manchmal sogar, ohne Parteimitglied zu sein. Es ist ein wichtiges Scharnier zwischen Politik, Verwaltung und Bürgerschaft.

Rats- oder Kreistagsmitglied werden: Der Sprung ins kalte Wasser?

Die Mitarbeit als Sachkundige Bürgerin oder Sachkundiger Bürger bietet schon tolle Möglichkeiten, sich einzubringen und Fachthemen mitzugestalten. Doch die eigentlichen, finalen Entscheidungen fallen woanders: Im Rat deiner Gemeinde oder Stadt, bzw. im Kreistag deines Landkreises. Das sind die höchsten politischen Gremien auf kommunaler Ebene, die direkt von den Bürgerinnen und Bürgern gewählt werden.

Wenn du also nicht nur beraten, sondern selbst abstimmen, die Linien der lokalen Politik maßgeblich mitbestimmen und die volle Verantwortung als gewählter Vertreter deiner Mitmenschen tragen möchtest, dann führt der Weg über ein Mandat in einem dieser Gremien.

Was bedeutet es, Rats- oder Kreistagsmitglied zu sein?

Als gewähltes Mitglied (oft auch Mandatsträger oder kommunale Abgeordnete genannt, obwohl es streng genommen gar keine Abgeordneten sind) bist du Teil des lokalen „Parlaments" (was streng genommen auch kein Parlament ist). Du hast – anders als Sachkundige Bürger – volles Stimmrecht im Rat bzw. Kreistag. Du entscheidest über den Haushalt, über Bebauungspläne, über lokale Satzungen, über die Höhe von Gebühren und Steuern und kontrollierst die Arbeit der Verwaltung und des Bürgermeisters oder Landrats. Kurz: Du gestaltest die Gegenwart und Zukunft deiner

Heimat aktiv mit.

Wie wird man das? Der Weg auf den Wahlzettel und ins Gremium

Aber wie kommt man dorthin? Wie schafft man es, auf dem Wahlzettel zu landen und von den Bürgerinnen und Bürgern gewählt zu werden? Genau das wollen wir uns in diesem Abschnitt anschauen:

- Wir klären die formalen Voraussetzungen: Wer darf überhaupt kandidieren (Alter, Staatsbürgerschaft, Wohnsitz)?

- Wir beleuchten den Prozess der Kandidatenaufstellung: Wie entscheiden Parteien oder Wählergruppen, wen sie ins Rennen schicken?

- Wir schauen uns die Rolle der politischen Parteien und der freien Wählergemeinschaften (Wählervereinigungen) an – denn meist führt der Weg ins Mandat über eine solche Organisation.

- Wir werfen einen kurzen Blick auf den Ablauf der Kommunalwahl selbst.

Der Entschluss, für ein kommunales Mandat zu kandidieren, ist oft ein großer Schritt. Er erfordert die Bereitschaft, viel Zeit und Energie zu investieren – neben Beruf und Familie. Es ist ein Ehrenamt, das aber mit viel Engagement, der Einarbeitung in komplexe Themen und der Teilnahme an zahlreichen Sitzungen verbunden ist. Der Lohn ist die Chance, direkt Einfluss zu nehmen und die eigene Kommune oder den eigenen Kreis mitzuprägen.

Wenn du mit dem Gedanken spielst, diesen Weg zu gehen, oder einfach verstehen möchtest, wie andere dorthin gelangen – lass uns starten! Klären wir als Erstes die grundlegenden formalen Voraussetzungen:

Wer darf überhaupt kandidieren? Die formalen Voraussetzungen

Bevor du dir Gedanken machst, wie du auf den Wahlzettel kommst und wie du einen Wahlkampf führen könntest, müssen wir kurz die grundlegenden formalen Hürden klären. Denn nicht jeder darf einfach so für den Rat oder Kreistag kandidieren. Das Wahlgesetz legt bestimmte Voraussetzungen fest, die erfüllt sein müssen. Man nennt das die "Wählbarkeit" oder das "passive Wahlrecht" (im Unterschied zum "aktiven Wahlrecht", dem Recht, selbst zu wählen).

Diese Voraussetzungen sind in Deutschland relativ einheitlich, aber bei einem Detail gibt es wichtige Unterschiede zwischen den Bundesländern:

- **Das Mindestalter:**
  Du musst in der Regel am Tag der Wahl das 18. Lebensjahr vollendet haben, also volljährig sein.

- **Die Staatsangehörigkeit:**
  Hier gibt es eine wichtige Besonderheit, die oft nicht allen bekannt ist: Du musst entweder
  die deutsche Staatsangehörigkeit besitzen (im Sinne von Artikel 116 Grundgesetz) ODER Staatsangehöriger eines anderen Mitgliedstaates der Europäischen Union sein! Ja, das ist korrekt: Als Bürgerin oder Bürger zum Beispiel aus Frankreich, Polen, Italien, Spanien etc. hast du in Deutschland nicht nur das Recht, bei Kommunalwahlen zu wählen, sondern auch selbst für ein kommunales Mandat (Gemeinderat, Stadtrat, Kreistag) zu kandidieren. Das ist ein wichtiges Recht, das auf EU-Verträgen basiert.

- **Der Wohnsitz:**
  Du musst deinen Wohnsitz in dem Wahlgebiet haben, für das du kandidieren möchtest. Das heißt, du musst in der Gemeinde, der Stadt oder dem Landkreis, für dessen Vertretung (Rat/Kreistag) du antreten willst, gemeldet sein.

Achtung, Mindestdauer beachten! Es reicht nicht, kurz vor der Wahl dorthin zu ziehen. Du musst schon eine bestimmte Mindestzeit vor dem Wahltag deinen Hauptwohnsitz im Wahlgebiet haben. Und genau hier unterscheiden sich die Bundesländer! Diese Mindestfrist beträgt oft drei Monate, in manchen Bundesländern aber auch sechs Monate. Es ist also unerlässlich, dass du im Kommunalwahlgesetz oder der Kommunalverfassung deines spezifischen Bundeslandes nachschaust oder dich bei deiner lokalen Wahlbehörde (im Rathaus/Kreishaus) erkundigst, welche Frist bei dir gilt!

- **Keine Ausschlussgründe:**
  Es darf kein gesetzlicher Grund vorliegen, der dich von der Wählbarkeit ausschließt. Solche Gründe sind selten und betreffen zum Beispiel Personen, denen aufgrund einer gerichtlichen Entscheidung im Zusammenhang mit einer schweren Straftat die Wählbarkeit aberkannt wurde, oder Personen, die wegen bestimmter Umstände unter umfassender rechtlicher Betreuung stehen, die auch das Wahlrecht umfasst.

Zusammengefasst:
Wenn du also am Wahltag mindestens 18 Jahre alt bist, die deutsche Staatsangehörigkeit oder die eines anderen EU-Staates besitzt, seit der in deinem Bundesland vorgeschriebenen Mindestdauer deinen Hauptwohnsitz im Wahlgebiet hast und keine Ausschlussgründe vorliegen, dann erfüllst du die formalen Voraussetzungen und bist für ein kommunales Mandat wählbar!

Nächster Schritt:
Wenn diese Punkte auf dich zutreffen, ist die erste Hürde genommen. Es empfiehlt sich trotzdem, die genauen und aktuellen Regelungen für dein Bundesland und deine Kommune noch einmal zu prüfen (z.B. auf den Webseiten des Landeswahlleiters oder deiner Kommunalverwaltung). Die nächste, oft viel entscheidendere Frage ist dann: Wie schaffst du es, dass dein Name auch tatsächlich auf dem Wahlzettel steht?

Kandidatur über eine Partei: Der häufigste Weg ins Mandat

Wenn du die formalen Voraussetzungen für eine Kandidatur erfüllst, stellt sich die Frage: Wie kommt dein Name nun auf den Wahlzettel? Der mit Abstand häufigste und etablierteste Weg, um für den Rat, Gemeinderat, Stadtrat oder Kreistag zu kandidieren, führt über die Mitgliedschaft und Nominierung durch eine politische Partei.

Warum über eine Partei?

Parteien sind die traditionellen Akteure im politischen Wettbewerb. Sie bündeln Interessen, entwickeln Programme, organisieren Wahlkämpfe und verfügen über etablierte Strukturen, Ressourcen und oft auch eine feste Wählerschaft. Für Kandidierende bieten sie eine Plattform und wichtige Unterstützung.

Wie wählen Parteien ihre Kandidaten aus? (Das Aufstellungsverfahren)

Parteien dürfen ihre Kandidaten nicht einfach willkürlich bestimmen. Das Parteiengesetz und die Kommunalwahlgesetze der Länder schreiben hier demokratische und transparente Verfahren vor. Die Entscheidung fällt in der Regel in einer Mitgliederversammlung des zuständigen lokalen oder regionalen Parteiverbands (z.B. des Ortsvereins, Stadt- oder Kreisverbands). Diese Versammlung nennt sich Aufstellungsversammlung, Nominierungsversammlung oder Wahlversammlung.

- **Geheime Wahl:** Die Abstimmung über die Kandidatinnen und Kandidaten muss geheim erfolgen.

- **Mitgliedschaft als Voraussetzung:** Um von einer Partei aufgestellt zu werden, musst du oft, aber nicht immer, auch Mitglied dieser Partei sein. Nur Parteimitglieder sind in der Aufstellungsversammlung stimmberechtigt.

- **Listen und/oder Wahlkreise:** Wie genau nominiert wird, hängt stark vom Kommunalwahlsystem in deinem Bundesland ab:

- **Listenwahl:** Viele Kommunalwahlen sind (zumindest teilweise) Listenwahlen. Die Partei stellt eine Liste mit Kandidierenden in einer festgelegten Reihenfolge auf. Je mehr Stimmen die Partei bei der Wahl erhält, desto mehr Personen ziehen von dieser Liste – beginnend mit Platz 1 – in das Gremium ein. Hier ist der Listenplatz entscheidend. Ein Platz weit oben erhöht die Chancen erheblich. Die Mitglieder in der Aufstellungsversammlung stimmen über die Reihenfolge auf der Liste ab.

- **Direktkandidatur (Wahlkreise):** Oft wird das Wahlgebiet (die Stadt oder der Kreis) zusätzlich in mehrere Wahlkreise unterteilt. Pro Wahlkreis nominiert die Partei dann einen Direktkandidaten. Wer im Wahlkreis die meisten Stimmen bekommt, ist direkt gewählt, unabhängig vom Listenplatz. Auch über diese Direktkandidaturen entscheiden die Parteimitglieder in der Aufstellungsversammlung.

- **Komplexität:** Die genauen Systeme variieren stark! Manche Bundesländer haben reine Listenwahlen, andere kombinieren Listen und Direktmandate. Mancherorts können Wähler Stimmen auf einzelne Kandidaten anhäufen (kumulieren) oder Kandidaten verschiedener Listen wählen (panaschieren). Informiere dich unbedingt über das Wahlsystem in deinem Bundesland und deiner Kommune!

Wie wirst du von (d)einer Partei aufgestellt?

Wenn du für deine Partei kandidieren möchtest, reicht es meist nicht, nur Mitglied zu sein. Du musst dich aktiv einbringen:

- **Sei aktiv:** Engagiere dich in deinem lokalen Parteiverband. Besuche regelmäßig Sitzungen, beteilige dich an

Diskussionen, übernimm Aufgaben bei Aktionen oder im Vorstand. Werde sichtbar und lerne die anderen Mitglieder kennen.

- **Signalisiere Interesse:** Sprich frühzeitig mit dem Vorstand deiner Partei und teile dein Interesse an einer Kandidatur mit. Kläre, welche Möglichkeiten es gibt (Liste, Wahlkreis).

- **Überzeuge die Mitglieder:** Bereite dich auf die Aufstellungsversammlung vor. Nutze die Gelegenheit, dich und deine Motivation kurz vorzustellen. Werbe bei den Mitgliedern um Vertrauen und um ihre Stimme für deine Kandidatur oder einen aussichtsreichen Listenplatz.

Vorteile der Kandidatur über eine Partei:

- **Organisation:** Du nutzt die bestehende Struktur der Partei (Mitglieder, ggf. Geschäftsstelle, Erfahrungswerte).
- **Unterstützung:** Du bekommst in der Regel Hilfe im Wahlkampf (Organisation von Ständen, Verteilung von Flyern).
- **Bekanntheit:** Die Partei hat einen Namen und ein Image, das dir hilft. Wähler orientieren sich oft an Parteien.
- **Ressourcen:** Meist gibt es ein (oft kleines) Budget für Wahlkampfmaterialien wie Flyer und Plakate.
- **Formalitäten:** Die Partei kümmert sich normalerweise um die korrekte und fristgerechte Einreichung der Wahlvorschläge beim Wahlamt.

Zusammenfassung:

Der Weg über eine Partei ist der Standardweg ins kommunale Mandat. Er erfordert Parteimitgliedschaft, Engagement und die Bereitschaft, sich internen Auswahlprozessen zu stellen. Dafür bietet er aber eine wichtige organisatorische und oft auch finanzielle Unterstützung.

Doch was ist, wenn du dich keiner Partei anschließen möchtest, aber trotzdem für den Rat oder Kreistag kandidieren willst? Dafür gibt es eine Alternative: die Wählergemeinschaften.

Kandidatur über eine Wählervereinigung / Wählergemeinschaft: Die parteifreie Alternative

Nicht jeder, der oder die sich im Rat oder Kreistag engagieren möchte, fühlt sich bei einer der etablierten politischen Parteien zu Hause. Wenn du parteipolitisch unabhängig bleiben, aber trotzdem für ein kommunales Mandat kandidieren möchtest, gibt es einen anderen Weg: die Kandidatur über eine Wählervereinigung oder Wählergemeinschaft (oft abgekürzt WV oder WG).

- **Viele Namen, ein Prinzip**: Diese Gruppen treten unter verschiedensten Bezeichnungen an: "Freie Wählergemeinschaft" (Achtung: "Freie Wähler" können in manchen Bundesländern auch eine Partei sein – hier meinen wir die rein lokalen, unabhängigen Gruppen!), "Bürgerliste", "Unabhängige Wählergemeinschaft" (UWG), "Bürger für Musterstadt" etc. Das gemeinsame Prinzip ist aber: Sie sind keine Parteien im Sinne des Parteiengesetzes.

- **Fokus auf das Lokale:** Ihr entscheidendes Merkmal ist die Beschränkung auf die kommunale oder regionale Ebene. Sie haben keine übergeordneten Strukturen auf Landes- oder Bundesebene und sind nicht an deren Programme oder Weisungen gebunden. Im Mittelpunkt steht meist die Sachpolitik für die eigene Kommune oder den eigenen Kreis, oft mit dem Anspruch, ideologiefrei und bürgernah zu agieren.

- **Rechtlicher Status:** Sie sind meist eingetragene Vereine (e.V.) oder auch formlosere Zusammenschlüsse, die aber nach den Kommunalwahlgesetzen als Träger von Wahlvorschlägen anerkannt sind.

Warum gründen oder wählen Menschen Wählergemeinschaften?

Die Motive sind vielfältig: der Wunsch nach einer rein sachbezogenen Politik ohne Parteidisziplin, Unzufriedenheit mit dem Angebot der etablierten Parteien vor Ort, der Wille, bestimmte lokale Themen stärker in den Fokus zu rücken oder einfach eine Plattform für parteilose Kandidatinnen und Kandidaten zu schaffen.

Wie läuft die Kandidatur über eine WG ab?

Kandidatenaufstellung: Ganz ähnlich wie bei den Parteien müssen auch Wählergemeinschaften ihre Kandidatinnen und Kandidaten für die Listen und/oder Wahlkreise in einer demokratischen Mitgliederversammlung (Aufstellungsversammlung) in geheimer Wahl bestimmen. Auch hier musst du in der Regel Mitglied oder fester Unterstützer der WG sein, um nominiert zu werden. Die internen Abläufe sind aber manchmal weniger formalisiert als bei großen Parteien.

Die große Hürde: Unterstützungsunterschriften:

Hier kommt der wesentliche Unterschied zu den etablierten Parteien, die schon im Rat/Kreistag (oder Land-/Bundestag) vertreten sind: Wählergemeinschaften, die neu antreten oder bisher nicht bzw. nur schwach im Gremium vertreten waren, müssen fast immer eine bestimmte Anzahl an Unterstützungsunterschriften von Wahlberechtigten aus dem Wahlgebiet sammeln, um überhaupt zur Wahl zugelassen zu werden.
Zweck: Damit soll nachgewiesen werden, dass die WG ein Mindestmaß an Rückhalt hat und nicht jede beliebige Kleingruppe den Wahlzettel "überfüllt".

- **Anzahl:** Wie viele Unterschriften nötig sind, hängt von der Einwohnerzahl des Wahlgebiets ab und ist von Bundesland zu Bundesland sehr unterschiedlich im jeweiligen

Kommunalwahlgesetz festgelegt. Das können in einem kleinen Dorf vielleicht nur 10-20 sein, in einer Großstadt oder einem Landkreis aber schnell mehrere Hundert!

- **Verfahren:** Die Unterschriften müssen auf amtlichen Formblättern gesammelt werden, oft erst nach der Aufstellungsversammlung der WG und innerhalb einer bestimmten Frist. Die Wahlberechtigung der Unterzeichnenden wird vom Wahlamt geprüft.

- **Aufwand:** Das Sammeln dieser Unterschriften (oft auf der Straße, an Ständen, von Tür zu Tür) ist für eine WG eine erhebliche organisatorische und zeitliche Herausforderung und erfordert das Engagement vieler Mitglieder! In manchen Bundesländern dürfen die Unterschriften nur im Rathaus geleistet werden, was das Sammeln deutlich erschwert.

Vor- und Nachteile:

- **Vorteile:** Politische Unabhängigkeit, klarer lokaler Fokus, hohe Glaubwürdigkeit bei Sachfragen, oft als "näher am Bürger" wahrgenommen.

- **Nachteile:** Meist geringere finanzielle und personelle Ressourcen als Parteien, (anfangs) geringere Bekanntheit, hoher Aufwand für Unterstützungsunterschriften.

Dein Weg über eine WG:

Wenn du über eine WG kandidieren willst, solltest du dich dort engagieren, deine Ideen einbringen und versuchen, bei der Aufstellungsversammlung nominiert zu werden. Sei dir aber bewusst, dass danach oft noch die gemeinsame Anstrengung des Unterschriftensammelns ansteht!

Wählergemeinschaften sind eine lebendige und wichtige Säule der lokalen Demokratie in Deutschland. Sie bieten eine echte Alternative zur Kandidatur über eine Partei und ermöglichen parteiunabhängiges

Engagement im Rat oder Kreistag. Der Weg dorthin ist jedoch oft steiniger, insbesondere wegen der Hürde der Unterstützungsunterschriften, die viel Einsatz erfordert.

Kandidatur als unabhängiger Einzelbewerber: Der Alleingang

Neben der Kandidatur über eine Partei oder eine Wählergemeinschaft gibt es noch eine dritte Möglichkeit, sich zur Wahl zu stellen: als komplett unabhängiger Einzelbewerber. Das bedeutet, du trittst ganz für dich allein an, ohne die Unterstützung einer organisierten Gruppe im Rücken.

Ist das überhaupt möglich?

Ja, die Kommunalwahlgesetze der Bundesländer sehen die Möglichkeit von Einzelbewerbungen in der Regel vor. Du musst natürlich dieselben grundlegenden Voraussetzungen erfüllen wie alle anderen Kandidierenden auch (Alter, Staatsangehörigkeit, Wohnsitz).

Die größte Hürde: Immer Unterstützungsunterschriften!

Der entscheidende Punkt ist: Als Einzelbewerber musst du immer Unterstützungsunterschriften von Wahlberechtigten aus dem Wahlgebiet sammeln, um zur Wahl zugelassen zu werden – ganz ähnlich wie neue Wählergemeinschaften. Die Anzahl der benötigten Unterschriften hängt wieder vom Bundesland, der Größe des Wahlgebiets und der Art der Wahl (Rat/Kreistag oder Bürgermeister/Landrat) ab. Diese Unterschriften ganz alleine, ohne Helferteam einer Organisation, zusammenzubekommen, ist eine enorme organisatorische und zeitliche Herausforderung. Du musst alle Formalitäten selbst managen und die Menschen persönlich überzeugen, für dich zu unterschreiben.

Die Erfolgsaussichten: Ein zweigeteiltes Bild

Wie realistisch ist es, als Einzelbewerber Erfolg zu haben? Hier muss man klar unterscheiden:

Kandidatur für den Rat oder Kreistag:

Hier sind die Chancen für Einzelbewerber, gewählt zu werden, äußerst gering, praktisch fast null.

Warum? Die Wahlsysteme für Räte und Kreistage (meist Verhältniswahl/Listenwahl, oft kombiniert mit Wahlkreisen) sind auf Gruppen ausgelegt. Als Einzelperson kannst du keine Liste füllen. Selbst wenn es Direktwahlkreise gibt, ist es fast unmöglich, ohne die Bekanntheit und die Ressourcen einer Partei oder WG genügend Stimmen zu sammeln, um sich gegen deren Kandidaten durchzusetzen. Erfolgreiche Einzelkandidaturen für kommunale Parlamente sind absolute Raritäten.

Kandidatur für das Amt des Bürgermeisters / Oberbürgermeisters / Landrats:

Hier sieht die Sache anders aus! Zwar ist es immer noch sehr anspruchsvoll, aber eine Kandidatur als unabhängiger Einzelbewerber für ein direkt gewähltes Hauptverwaltungsamt ist durchaus möglich und kommt immer wieder erfolgreich vor.

Warum? Bei diesen Wahlen steht die Person viel stärker im Mittelpunkt als bei der Wahl zum Rat oder Kreistag. Es ist eine Persönlichkeitswahl. Wählerinnen und Wähler entscheiden oft nach Sympathie, wahrgenommener Kompetenz und lokaler Verankerung des Kandidaten oder der Kandidatin, manchmal auch über Parteigrenzen hinweg.

- **Bekanntheit und Vertrauen:** Wenn du in deiner Kommune oder deinem Kreis bereits eine sehr bekannte und angesehene Persönlichkeit bist (z.B. durch langjähriges Engagement in Vereinen, als erfolgreicher Unternehmer, durch öffentliche Präsenz), kannst du auch ohne Parteiapparat eine breite Unterstützung finden.

- **Unabhängigkeit als Vorteil:** Manche Wähler bevorzugen bewusst parteilose Kandidaten für das Spitzenamt, weil sie sich davon eine neutralere Amtsführung und Fokus auf Sachthemen versprechen.

- **Existierende Beispiele:** Es gibt deutschlandweit zahlreiche Bürgermeister und Landräte, die als Unabhängige ins Amt gewählt wurden, oft auch gegen starke Konkurrenz etablierter Parteien.

Fazit:

Der komplette Alleingang als Einzelbewerber ist die schwierigste Form der Kandidatur. Für einen Sitz im Rat oder Kreistag ist er aufgrund der Wahlsysteme und fehlenden Ressourcen quasi aussichtslos. Für das direkt gewählte Amt des Bürgermeisters oder Landrats ist es jedoch eine realistische, wenn auch sehr anspruchsvolle Option, insbesondere für lokal prominente und gut vernetzte Persönlichkeiten. Es zeigt, dass der Weg an die Spitze einer Kommunalverwaltung auch jenseits der etablierten politischen Organisationen möglich ist, aber er erfordert enormen persönlichen Einsatz, ein gutes Team im Hintergrund (oft ein Freundes- und Unterstützerkreis) und die Überwindung der Hürde der Unterstützungsunterschriften.

Organisation im Rat/Kreistag: Fraktionen, Gruppen und Einzelkämpfer

Die Wahl ist vorbei, die Mandate sind vergeben, die Mitglieder des neuen Rates, Gemeinderats, Stadtrats oder Kreistages kommen zur konstituierenden Sitzung zusammen. Herzlichen Glückwunsch an alle Gewählten! Aber wie funktioniert die Arbeit in diesem Gremium nun praktisch? Treten alle 30, 50 oder manchmal noch mehr Mitglieder nur als Einzelpersonen auf? Stellen alle ihre eigenen Anträge und halten ihre eigenen Reden, ohne sich abzustimmen?

Nein, in aller Regel nicht. Ein solches Gremium braucht Struktur, um arbeitsfähig zu sein und politische Prozesse effizient gestalten zu können. Wenn jeder nur für sich kämpft, wird es schnell unübersichtlich und schwierig, Mehrheiten zu finden oder Themen konzentriert zu bearbeiten.

Deshalb schließen sich die gewählten Mitglieder normalerweise zu organisatorischen Einheiten zusammen. Die mit Abstand wichtigste und häufigste Form sind die Fraktionen. Daneben gibt es manchmal auch kleinere Zusammenschlüsse, die Gruppen genannt werden. Und es kann auch Mitglieder geben, die keiner Fraktion oder Gruppe angehören – sogenannte fraktionslose Mitglieder oder Einzelmandatsträger.

In diesem Abschnitt wollen wir uns diese Strukturen genauer ansehen:

- Wir schauen uns an, was in der kostituierenden Sitzung von Rat oder Kreistag entschieden wird.

- Wir klären, was genau eine Fraktion ist und unter welchen Voraussetzungen sie gebildet werden kann (Stichwort: Mindestgröße).

- Wir schauen uns an, was eine Gruppe von einer Fraktion unterscheidet und wann diese relevant wird.

- Wir beleuchten, warum diese Zusammenschlüsse für die praktische Arbeit im Rat oder Kreistag so entscheidend sind (z.B. für die Besetzung von Ausschüssen, die Koordination von Anträgen und Redebeiträgen).

- Wir gehen darauf ein, welche unterschiedlichen Rechte und oft auch finanziellen Ressourcen mit dem Status als Fraktion, Gruppe oder fraktionsloses Mitglied verbunden sind.

Du kannst dir Fraktionen und Gruppen ein wenig wie die Fraktionen im Bundestag oder in den Landtagen vorstellen, nur eben auf kommunaler Ebene angepasst. Sie sind das organisatorische Rückgrat der parlamentarischen Arbeit vor Ort und spielen eine zentrale Rolle dabei, wie Politik gemacht wird.

Was sind Fraktionen und Gruppen? Die Organisationseinheiten im Rat/Kreistag

Nach einer Wahl schließen sich die gewählten Mitglieder des Rates oder Kreistages meist zusammen, um ihre Arbeit zu organisieren. Sie agieren selten nur als Einzelpersonen. Die wichtigsten Formen dieser Zusammenschlüsse sind Fraktionen und Gruppen.

Die Fraktion: Die Standard-Organisationseinheit

- **Definition:** Eine Fraktion ist ein Zusammenschluss von Mitgliedern des Rates oder Kreistages. In der überwiegenden Mehrheit der Fälle bilden die Mitglieder, die über die Liste derselben Partei oder Wählergemeinschaft gewählt wurden, eine gemeinsame Fraktion. (In seltenen Fällen und je nach lokalen Regeln können sich auch Mitglieder unterschiedlicher Listen zu einer Fraktion zusammenschließen, das ist aber nicht überall beliebig möglich).

- **Entscheidend:** Die Mindestgröße (Fraktionsstärke): Um offiziell als Fraktion anerkannt zu werden und die damit verbundenen Rechte zu erhalten, muss ein Zusammenschluss eine bestimmte Mindestanzahl an Mitgliedern haben. Diese sogenannte Fraktionsstärke ist von Kommune zu Kommune unterschiedlich! Sie wird meist in der Hauptsatzung oder der Geschäftsordnung des Rates/Kreistages festgelegt (auf Basis der jeweiligen Kommunalverfassung des Bundeslandes). Oft liegt die Mindestgröße bei zwei oder drei Mitgliedern, sie kann aber auch höher sein. Es ist unerlässlich, die Regelung in deiner spezifischen Kommune zu prüfen!

- **Zweck:** Fraktionen dienen der Bündelung politischer Kräfte. Sie organisieren die parlamentarische Arbeit ihrer Mitglieder, entwickeln gemeinsame Positionen zu Sachthemen, koordinieren Anträge und Redebeiträge und verteilen die

Sitze in den Ausschüssen untereinander. Eine Fraktion ermöglicht effektiveres Arbeiten und verleiht den gemeinsamen politischen Zielen mehr Gewicht.

Die Gruppe: Der kleinere Zusammenschluss

- **Definition:** Wenn eine Partei oder Wählergemeinschaft zwar Sitze im Rat/Kreistag errungen hat, aber die Mindestgröße für eine Fraktion nicht erreicht, können sich deren Mitglieder oft zu einer Gruppe zusammenschließen. Das ist zum Beispiel häufig der Fall, wenn eine Liste nur zwei Mandate bekommen hat, die Fraktionsstärke aber bei drei liegt.

- **Anerkennung und Rechte** – Der große Unterschied: Hier wird es sehr uneinheitlich in Deutschland! Ob eine solche Gruppe offiziell anerkannt wird und welche Rechte sie hat, hängt massiv von der für das jeweilige Bundesland gültigen „Kommunalverfassung", der lokalen Hauptsatzung oder Geschäftsordnung ab. Manche Kommunen geben Gruppen bestimmte Rechte, die über die von Einzelmitgliedern hinausgehen (z.B. erweiterte Antragsrechte, garantierte Redezeit, manchmal sogar kleine finanzielle Zuschüsse), diese Rechte sind aber in der Regel deutlich geringer als die von Fraktionen. In anderen Kommunen werden Gruppen kaum anders behandelt als fraktionslose Einzelmitglieder und haben nur wenige oder keine besonderen Rechte.

- **Prüfen:** Unbedingt die landespezifischen und lokalen Regelungen prüfen!

Fraktionslose Mitglieder: Die Einzelkämpfer

Definition: Das sind Mitglieder des Rates oder Kreistages, die weder einer Fraktion noch einer Gruppe angehören.

- **Gründe:** Sie wurden z.B. als Einzelbewerber gewählt, ihre

Partei/WG hat nur einen Sitz errungen, oder sie sind aus ihrer Fraktion/Gruppe ausgetreten oder wurden ausgeschlossen.

- **Rechte:** Sie besitzen die Grundrechte jedes Mandatsmitglieds (Stimmrecht im Rat/Kreistag, Rederecht, nur teilweise Antragsrecht, Fragerecht), ihnen fehlen aber die besonderen organisatorischen und oft auch finanziellen Vorteile und Mitwirkungsrechte, die an den Fraktions- oder Gruppenstatus geknüpft sind. Es ist für sie oft schwieriger, ihre Anliegen durchzusetzen oder in allen wichtigen Ausschüssen vertreten zu sein.

Warum ist die Unterscheidung so wichtig? Rechte und Ressourcen

Der Status als Fraktion, Gruppe oder fraktionsloses Mitglied hat erhebliche praktische Auswirkungen, da viele wichtige parlamentarische Rechte und auch finanzielle Mittel daran gekoppelt sind:

- **Ausschusssitze:** Die Sitze in den Fachausschüssen (und oft auch deren Vorsitze) werden in der Regel nach der Stärke der Fraktionen verteilt (z.B. nach dem mathematischen Verfahren d'Hondt oder Hare-Niemeyer). Gruppen oder Fraktionslose haben oft keinen garantierten Anspruch auf Sitze in allen Ausschüssen.

- **Antrags- und Rederechte:** Fraktionen genießen oft besondere Antragsrechte (z.B. für Aktuelle Stunden, bestimmte Arten von Anfragen) und haben meist festgelegte Redezeitkontingente in den Debatten.

- **Finanzielle Unterstützung („Fraktionsmittel"):** Fraktionen erhalten in der Regel finanzielle Zuschüsse aus dem kommunalen Haushalt für ihre Geschäftsführung (z.B. für Büromaterial, Porto, Telefon, IT, manchmal sogar für Personal). Gruppen erhalten, wenn überhaupt, deutlich geringere Beträge. Fraktionslose erhalten normalerweise keine solchen Mittel für organisatorische Zwecke.

Aus diesen Gründen ist das Erreichen der Fraktionsstärke für jede politische Gruppierung im Rat oder Kreistag ein wichtiges politisches und organisatorisches Ziel.

Zusammenfassend: Fraktionen sind die zentralen, mit den meisten Rechten und Ressourcen ausgestatteten Organisationseinheiten im Rat/Kreistag. Gruppen sind kleinere Zusammenschlüsse mit stark variierenden Rechten. Fraktionslose haben die geringsten organisatorischen Einflussmöglichkeiten. Die genauen Spielregeln bestimmt aber immer die jeweilige Kommune auf Basis des Landesrechts.

Die länderspezifischen Bedingungen zur kommunalen Fraktionen

- **Baden-Württemberg (BW):** Die Gemeindeordnung (§ 32a GemO) überlässt die Festlegung der Mindestzahl der Geschäftsordnung des jeweiligen Rates. Fehlt eine solche Regelung, wird von einer Mindestzahl von zwei Mitgliedern ausgegangen, da ein „Zusammenschluss" begrifflich mindestens zwei Personen erfordert. Die Geschäftsordnung der Stadt Würzburg beispielsweise fordert drei Mitglieder.

- **Bayern (BY):** Die Bayerische Gemeindeordnung (BayGO) enthält in Art. 31a keine explizite gesetzliche Mindestzahl. Die Regelung wird der Geschäftsordnung überlassen. Eine Mustergeschäftsordnung des Bayerischen Gemeindetags schlägt drei Mitglieder vor , in der Praxis und Literatur wird oft von einer Mindestzahl von zwei Mitgliedern ausgegangen, da ein Zusammenschluss erforderlich ist.

- **Berlin (BE):** Für die Bezirksverordnetenversammlungen (BVV) legt § 5a des Bezirksverwaltungsgesetzes (BezVG) eine Mindestzahl von drei Mitgliedern fest.

- **Brandenburg (BB):** Die Brandenburgische Kommunalverfassung (§ 32 BbgKVerf) schreibt eine Mindestzahl von zwei Mitgliedern vor. Frühere Regelungen, die in größeren Vertretungen höhere Quoren vorsahen, wurden abgeschafft. Der hauptamtliche Bürgermeister darf kein Fraktionsmitglied sein.

- **Bremen (HB):** Die Geschäftsordnung der Bremischen Bürgerschaft, die auch für die Stadtbürgerschaft gilt, legt in § 16 die Mindestzahl auf fünf Mitglieder fest. Eine Ausnahme besteht für die stadtbremischen Mitglieder einer Landtagsfraktion; diese können auch mit weniger als fünf Mitgliedern eine Fraktion in der Stadtbürgerschaft bilden.

- **Hamburg (HH):** Das Bezirksverwaltungsgesetz (§ 10 BezVG) legt für Fraktionen in den Bezirksversammlungen eine Mindestzahl von drei Mitgliedern fest.

- **Hessen (HE):** Die Hessische Gemeindeordnung (§ 36a HGO) sieht grundsätzlich eine Mindestzahl von zwei Mitgliedern vor. In Gemeinden mit mehr als 50.000 Einwohnern erhöht sich diese Zahl auf drei Mitglieder. Eine frühere Sonderregelung, die unter bestimmten Umständen „Ein-Personen-Fraktionen" ermöglichte (§ 36b HGO a.F.), wurde aufgehoben.

- **Mecklenburg-Vorpommern (MV):** Die Kommunalverfassung (§ 23 KV M-V) enthält eine Staffelung: Grundsätzlich sind zwei Mitglieder erforderlich. In Städten mit mehr als 25 Mitgliedern in der Stadtvertretung (gesetzliche Mitgliederzahl am Wahltag) sind drei Mitglieder nötig, in Städten mit mehr als 37 Mitgliedern vier.

- **Niedersachsen (NI):** Das Niedersächsische Kommunalverfassungsgesetz (§ 57 NKomVG) legt eine einheitliche Mindestzahl von zwei Mitgliedern fest, die sowohl für Fraktionen als auch für Gruppen gilt.

- **Nordrhein-Westfalen (NRW):** Die Gemeindeordnung (§ 56 GO NRW) unterscheidet nach Gemeindetyp: In kreisangehörigen Gemeinden sind zwei Mitglieder ausreichend, in kreisfreien Städten müssen es mindestens drei Mitglieder sein. Eine Erhöhung dieser gesetzlichen Mindestzahlen durch die Geschäftsordnung des Rates wird allgemein als unzulässig angesehen, da es sich um Minderheitenschutzvorschriften handelt. Für Landkreise sieg die Kreisordnung (KrONRW) in § 40 eine Fraktionsstärke von2 vor, wenn der Kreistag maximal 59 Mitglieder hat, darüber liegt die Fraktionsstärke bei 3.

- **Rheinland-Pfalz (RP):** Die Gemeindeordnung (§ 30a GemO) legt die Mindestzahl einheitlich auf zwei Mitglieder fest.

- **Saarland (SL):** Das Kommunalselbstverwaltungsgesetz (§ 30 KSVG) sieht eine Mindestzahl von zwei Mitgliedern vor. Die Geschäftsordnung kann jedoch Näheres regeln; die Geschäftsordnung der Landeshauptstadt Saarbrücken beispielsweise fordert drei Mitglieder.

- **Sachsen (SN):** Die Sächsische Gemeindeordnung (§ 35a SächsGemO) definiert eine Fraktion als Zusammenschluss, der mindestens fünf Prozent der gesetzlichen Mitgliederzahl des Rates umfasst, jedoch stets mindestens zwei Personen.

- **Sachsen-Anhalt (ST):** Die Kommunalverfassung (§ 44 KVG LSA) legt die Mindestzahl auf zwei Mitglieder fest. In Landkreisen sowie in Gemeinden mit mehr than 50.000 Einwohnern sind jedoch drei Mitglieder erforderlich.

- **Schleswig-Holstein (SH):** Die Gemeindeordnung (§ 32a GO SH) legt die Mindestzahl auf zwei Mitglieder fest. Die Hauptsatzung der Gemeinde kann diese Zahl jedoch auf drei erhöhen.

- **Thüringen (TH):** Die Thüringer Kommunalordnung (§ 25

ThürKO) enthält keine explizite gesetzliche Mindestzahl, sondern verweist auf die Regelung in der Geschäftsordnung. Da ein „Zusammenschluss" gefordert wird, sind begrifflich mindestens zwei Mitglieder notwendig. Die Geschäftsordnung der Stadt Erfurt beispielsweise legt die Mindestzahl auf drei fest.

Die Konstituierende Sitzung: Der offizielle Startschuss

Bevor die eigentliche politische Sacharbeit beginnt, gibt es einen wichtigen formalen Akt: die konstituierende Sitzung. Das ist die allererste offizielle Sitzung des neu gewählten Gremiums. Sie markiert den Startpunkt der neuen Wahlperiode (meist fünf Jahre).

Was passiert in dieser Sitzung?

Die konstituierende Sitzung hat vor allem formalen und organisatorischen Charakter. Es geht darum, das neue Gremium offiziell ins Amt einzuführen und die Grundlagen für seine Arbeitsfähigkeit zu legen. Die Tagesordnung ist oft durch die Kommunalverfassung des Bundeslandes und die lokale Geschäftsordnung vorgegeben und umfasst typischerweise folgende Punkte (die Reihenfolge kann leicht variieren):

- **Eröffnung**: Die Sitzung wird oft durch das an Lebensjahren älteste Mitglied des neuen Gremiums (Alterspräsident) oder durch den (ggf. ebenfalls neu gewählten oder wiedergewählten) Bürgermeister bzw. Landrat eröffnet.

- **Feststellung der Beschlussfähigkeit**: Es wird geprüft, ob genügend Mitglieder anwesend sind, damit das Gremium gültige Beschlüsse fassen kann.

- **Verpflichtung der Rats-/Kreistagsmitglieder**: Dies ist ein zentraler Akt. Die neu gewählten Mitglieder werden durch den Bürgermeister oder Landrat förmlich verpflichtet. Sie geloben oder schwören dabei meist, ihre Pflichten nach bestem Wissen und Können zu erfüllen, das Grundgesetz und die Gesetze zu achten und ihre Aufgaben zum Wohle der Gemeinde bzw. des Kreises wahrzunehmen. Damit übernehmen sie offiziell ihr Mandat.

- **Wahl der ehrenamtlichen Stellvertreter des Bürgermeisters/Landrats**: In dieser Sitzung werden meist die offiziellen (ehrenamtlichen) Stellvertreter gewählt, die den Bürgermeister oder Landrat bei repräsentativen Anlässen vertreten oder Sitzungen leiten, falls dieser verhindert ist. Hier zeigt sich oft schon das neue Kräfteverhältnis im Gremium.

- **Bildung und Besetzung der Ausschüsse: Ein sehr wichtiger Punkt!** Es wird formal beschlossen, welche Fachausschüsse es in der neuen Wahlperiode geben soll (meist auf Basis der Hauptsatzung). Anschließend werden die Sitze in diesen Ausschüssen entsprechend der Stärke der Fraktionen (nach einem bestimmten Berechnungsverfahren wie d'Hondt oder Hare-Niemeyer) besetzt. Die Fraktionen reichen dafür ihre Personalvorschläge ein. Hier wird oft zum ersten Mal öffentlich sichtbar, welche Fraktion wie viel Einfluss in den wichtigen Fachausschüssen hat. Manchmal werden hier auch schon die Ausschussvorsitzenden gewählt.

- **(Optional) Weitere organisatorische Punkte**: Je nach Kommune können auch weitere Punkte auf der Tagesordnung stehen, wie die Verabschiedung der Geschäftsordnung für die neue Wahlperiode oder die Festlegung der künftigen Sitzungstermine.

Die Bedeutung der Sitzung:

Auch wenn oft Formalitäten im Vordergrund stehen, ist die konstituierende Sitzung mehr als nur eine Pflichtübung. Sie ist der symbolische Neustart, bei dem sich das politische Kräfteverhältnis nach der Wahl erstmals im Gremium manifestiert. Die Weichen für die Ausschussarbeit und die Zusammenarbeit in den nächsten Jahren werden hier gestellt. Oft haben sich die Fraktionen bereits vor dieser Sitzung intern getroffen und abgestimmt, wen sie in welche Positionen und Ausschüsse entsenden wollen. Die Atmosphäre ist meist eine Mischung aus feierlichem Beginn und erster politischer Positionierung. Oft ist es möglich, durch kluge strategische Zusammenarbeit das eigene Stimmgewicht zu erhöhen, indem beispielsweise Listenverbindungen für bestimmte Wahlen vereinbart werden.

Finanzielle Aspekte: Was kostet die Politik und wer bezahlt?

Bisher haben wir uns angeschaut, wie man in politische Ämter kommt und wie die Arbeit in den Gremien organisiert ist. Kommunalpolitisches Engagement, besonders als gewähltes Mitglied im Rat oder Kreistag oder in einer Fraktion, ist aber nicht nur mit einem erheblichen Zeitaufwand verbunden, sondern verursacht auch Kosten – sei es für Fahrten zu Sitzungen, für Büromaterial, Telefonate oder die Kinderbetreuung während einer langen Abendsitzung.

Das führt uns zu einer wichtigen praktischen Frage: Gibt es für dieses Engagement eigentlich eine finanzielle Gegenleistung oder Unterstützung? Und wie finanzieren die Fraktionen ihre notwendige organisatorische Arbeit?

Ja, finanzielle Regelungen gibt es, und wir müssen dabei zwei Hauptbereiche unterscheiden:

Die Entschädigung für einzelne Mandatsträger: Hier geht es um das Geld, das die gewählten Rats- und Kreistagsmitglieder persönlich für ihren Aufwand, ihre Zeit und ihre Auslagen erhalten. Man spricht hier von Aufwandsentschädigungen und Sitzungsgeldern. Es ist wichtig zu betonen: Kommunale Mandate sind in aller Regel Ehrenämter, aber dieses Ehrenamt wird finanziell entschädigt.

Die Finanzierung der Fraktionen (und ggf. Gruppen): Hier geht es um die Gelder, die die organisierten Zusammenschlüsse im Rat/Kreistag – also vor allem die Fraktionen – erhalten, um ihre laufenden Kosten für die politische und organisatorische Arbeit zu decken. Das nennt man oft Fraktionsmittel oder Fraktionszuschüsse.

In diesem Abschnitt wollen wir uns diese beiden finanziellen Säulen genauer ansehen:

- Wir klären, welche Arten von Entschädigungen es für die einzelnen Mandatsträger gibt und nach welchen Regeln sie gezahlt werden.

- Wir beleuchten, wie die Finanzierung der Fraktionen funktioniert, wofür diese Mittel verwendet werden dürfen und wie sie sich berechnen.

- Wir schauen, wo diese Regelungen zu finden sind (meist in landesweiten Entschädigungsverordnungen und in den kommunalen Haushalten bzw. Satzungen).

Diese finanziellen Aspekte sind nicht nur für die direkt Beteiligten relevant. Sie sollen einerseits sicherstellen, dass sich Menschen unabhängig von ihrer Einkommenssituation ein Mandat leisten können (obwohl die Angemessenheit der Höhe oft diskutiert wird). Andererseits sollen die Fraktionsmittel eine professionelle politische Arbeit der Gruppen ermöglichen. Da es sich hierbei um öffentliche Gelder handelt, ist Transparenz über deren Verwendung besonders wichtig.

Wichtig zu wissen: Die konkreten Beträge und die genauen Regelungen für Entschädigungen und Fraktionszuschüsse unterscheiden sich erheblich zwischen den Bundesländern und oft auch zwischen den Kommunen innerhalb eines Landes! Was in einer Großstadt gezahlt wird, kann weit von den Beträgen in einer kleinen Landgemeinde abweichen.

Lass uns mit der persönlichen Seite beginnen: Was erhalten die einzelnen Rats- und Kreistagsmitglieder für ihr zeitaufwändiges Engagement?

Entschädigungsverordnung und ähnliche Regelungen: Was bekommt man für das Engagement?

Es gibt beispielsweise in NRW zwei mögliche Regelungen, die in der Entschädigungsverordnung des Landes NRW (EntschVO NRW) festgeschrieben sind. Demnach erhalten die Gremienmitglieder entweder eine monatliche Pauschale oder einen monatlichen Sockelbetrag zuzüglich eines Sitzungsgeldes für jede besuchte Fraktions- Rats- (oder Kreistags-) und Ausschusssitzung. Für welche der Regelungen sich eine Kommune entschieden hat, ist in der Hauptsatzung nachzulesen.

Über die eigentliche Entschädigung hinaus sind oft auch Fahrtkosten, Verdienstausfall und Betreuungskosten für betreuungsbedürftige Angehörige erstattungsfähig.

Für die Vorsitzenden von Fraktionen und Ausschüssen werden, genauso wie für stellvertretende Bürgermeister öder Landräte, teilweise mehrfache Zuschläge bezahlt.

So können schon stattliche Beträge zusammenkommen, die im Übrigen steuerlich vergünstigt angesetzt werden.

Je nach Bundesland unterscheiden sich die Regelungen, im folgenden eine Übersicht, die auch die Rechtsgrundlagen mit aufführt, so kannst Du direkt nachschauen, wie die Bestimmungen für Dein Bundesland aussehen.

Vergleich der Aufwandsentschädigung für kommunale Mandatsträger in den deutschen Bundesländern

Baden-Württemberg (BW)
Rechtliche Grundlage: GemO §§ 4, 19
Regulierungsmodell: Kommunale Satzung (Rahmen-Gesetz)
Haupt-Entschädigungsart(en): Auslagen-/Verdienstausfallersatz +
Pauschale/Sitzungsgeld per Satzung
Beispielhafte Höhe (€/Monat oder €/Sitzung): Stark variabel;
Stuttgart: hoch; Bad Wurzach: 100,- € Pauschale + 42,- €
Sitzungsgeld
Anmerkungen: Hohe lokale Autonomie

Bayern (BY)
Rechtliche Grundlage: GO Art. 20a
Regulierungsmodell: Kommunale Satzung (Rahmen-Gesetz)
Haupt-Entschädigungsart(en): Pauschale/Sitzungsgeld per Satzung
Beispielhafte Höhe (€/Monat oder €/Sitzung): Stark variabel;
Kempten: 648,- € Pauschale + 45,- € Sitzungsgeld
Anmerkungen: Hohe lokale Autonomie

Berlin (BE)
Rechtliche Grundlage: BezVG § 11, BezVEG
Regulierungsmodell: Landesgesetz (gekoppelt an Abg.-Entsch.)
Haupt-Entschädigungsart(en): Grundentschädigung + Sitzungsgeld
+ Fahrgeld
Beispielhafte Höhe (€/Monat oder €/Sitzung): Grundentschädigung
ca. 995,- € (15% der Abg.-Diät), Sitzungsgeld 20,- €
Anmerkungen: Stadtstaat, sehr hohe Beträge

Brandenburg (BB)
Rechtliche Grundlage: BbgKVerf § 30(4)

Regulierungsmodell: Kommunale Satzung (Rahmen-Gesetz)
Haupt-Entschädigungsart(en): Auslagen-/Verdienstausfallersatz +
Pauschale/Sitzungsgeld per Satzung
Beispielhafte Höhe (€/Monat oder €/Sitzung): Variabel; Teltow: 150,-
€ Pauschale; Orientierung (alt): 50,- € - 250,- € Pauschale
Anmerkungen: Hohe lokale Autonomie

Bremen (HB)
Rechtliche Grundlage: BremAbgG / OrtsG Bremerhaven
Regulierungsmodell: Landesgesetz (Bremen) / Kommunale Satzung
(Bhv)
Haupt-Entschädigungsart(en): Monatliche Pauschale
(Diät/Entschädigung)
Beispielhafte Höhe (€/Monat): Bremerhaven: 659,60 €
Anmerkungen: Stadtstaat, hohe Beträge

Hamburg (HH)
Rechtliche Grundlage: EntschädLG
Regulierungsmodell: Landesgesetz
Haupt-Entschädigungsart(en): Monatliche Pauschale + Sitzungsgeld
Beispielhafte Höhe (€/Monat oder €/Sitzung): Pauschale 1054,31 €
(ab 08/24), Sitzungsgeld 21,- € (alt)
Anmerkungen: Stadtstaat, sehr hohe Beträge, kürzlich stark erhöht

Hessen (HE)
Rechtliche Grundlage: HGO § 27
Regulierungsmodell: Kommunale Satzung (Rahmen-Gesetz,
Ermächtigung für Höchstsätze)
Haupt-Entschädigungsart(en): Auslagen-/Verdienstausfallersatz +
Pauschale/Sitzungsgeld per Satzung
Beispielhafte Höhe (€/Monat oder €/Sitzung): Stark variabel;
Ffm/Wiesbaden (alt): hoch; Darmstadt (alt): 335,- € Pauschale
Anmerkungen: Hohe lokale Autonomie

Mecklenburg-Vorpommern (MV)
Rechtliche Grundlage: KV § 21, KomEntschVO
Regulierungsmodell: Landesverordnung (Höchstsätze) +
Kommunale Satzung
Haupt-Entschädigungsart(en): Pauschale (Sockel) + Sitzungsgeld
Beispielhafte Höhe (€/Monat oder €/Sitzung): Höchsts. Sockel (Mitgl.
>100.000 EW): 500,- €; Höchsts. Sitzungsgeld: 30,- €
Anmerkungen: Kommunen entscheiden innerhalb der Maxima

Niedersachsen (NI)
Rechtliche Grundlage: NKomVG § 58
Regulierungsmodell: Kommunale Satzung (Rahmen-Gesetz +
Empfehlungen)
Haupt-Entschädigungsart(en): Auslagen-/Verdienstausfallersatz +
Pauschale/Sitzungsgeld per Satzung
Beispielhafte Höhe (€/Monat oder €/Sitzung): Empf. Höchsts. (Rat
40-60.000 EW): 330,- € Pauschale
Anmerkungen: Lokale Autonomie, aber offizielle Empfehlungen

Nordrhein-Westfalen (NRW)
Rechtliche Grundlage: EntschVO NRW §§ 2, 3
Regulierungsmodell: Landesverordnung (präskriptiv)
Haupt-Entschädigungsart(en): Voll-/Teilpauschale (+ Sitzungsgeld
bei Teilpauschale)
Beispielhafte Höhe (€/Monat oder €/Sitzung): Rat (40-60.000 EW):
428,40 € (Voll) / 316,20 € (Teil) + 45,90 € (Sitzung)
Anmerkungen: Feste Sätze nach EW-Klassen, jährl. Anpassung

Rheinland-Pfalz (RP)
Rechtliche Grundlage: GemO § 18, LKO § 12
Regulierungsmodell: Kommunale Satzung (Rahmen-Gesetz)
Haupt-Entschädigungsart(en): Auslagen-/Verdienstausfallersatz +
Pauschale/Sitzungsgeld per Satzung

Beispielhafte Höhe (€/Monat oder €/Sitzung): Variabel; Krs. Neuwied: 100,- € Pauschale + 85,- € Sitzungsgeld
Anmerkungen: Hohe lokale Autonomie

Saarland (SL)
Rechtliche Grundlage: KSVG §§ 51, 67, AufwEVO
Regulierungsmodell: Kommunale Satzung (Rat) / LandesVO (Höchsts. Beigeordnete)
Haupt-Entschädigungsart(en): Grundbetrag + Sitzungsgeld / Pauschale (Rat); Pauschale (Beigeordnete)
Beispielhafte Höhe (€/Monat oder €/Sitzung): Rat: variabel; Höchsts. Beigeordnete (bis 10.000 EW): 1084,- €
Anmerkungen: Gemischtes Modell
Sachsen (SN)
Rechtliche Grundlage: SächsGemO § 21
Regulierungsmodell: Kommunale Satzung (Rahmen-Gesetz)
Haupt-Entschädigungsart(en): Auslagen-/Verdienstausfallersatz + Pauschale/Sitzungsgeld per Satzung
Beispielhafte Höhe (€/Monat oder €/Sitzung): Variabel; Beispiele (Frohburg, Großpösna): niedrige Pauschale + Sitzungsgeld
Anmerkungen: Hohe lokale Autonomie

Sachsen-Anhalt (ST)
Rechtliche Grundlage: KVG LSA § 35, KomEVO
Regulierungsmodell: Landesverordnung (Höchstsätze) + Kommunale Satzung
Haupt-Entschädigungsart(en): Pauschale/Sitzung

Thüringen
Rechtliche Grundlage: § 22 der Thüringer Kommunalordnung (ThürKO) und die Thüringer Verordnung über die Entschädigung der Gemeinderats-, Stadtrats- und Kreistagsmitglieder (Thüringer Entschädigungsverordnung – ThürEntschVO).
Regulierungsmodell: Gemischtes Modell mit einer Besonderheit: Das Land setzt per Verordnung nicht nur Höchst-, sondern auch Mindestsätze fest. Der Spielraum für kommunale Satzungen ist

dadurch stärker begrenzt als in anderen Bundesländern. Entschädigungsstruktur & -arten: Die ThürEntschVO erlaubt monatliche Pauschalen oder Sitzungsgelder, wobei letztere mit einem Sockelbetrag kombiniert werden können. Sie legt Mindest- und Höchstsätze für diese Komponenten fest, gestaffelt nach Einwohnerzahl. Zusätzliche Entschädigungen für Funktionen (Vorsitzende, Fraktionsvorsitzende etc.) sind ebenfalls mit Höchstsätzen geregelt.

Entschädigungshöhen (Beispiele/Bereiche): Die ThürEntschVO (Stand 2018/Dynamisierung 2021) legt folgende Spannen fest: Monatliche Pauschale (Höchstsatz): bis 5.000 EW: 160,- €; bis 50.000 EW: 310,- €; >100.000 EW: €470,- €. Sitzungsgeld (Höchstsatz): 40,- € (bis 50.000 EW), 60,- € (>50.000 EW). Sockelbetrag bei Sitzungsgeld (Höchstsatz): bis 5.000 EW: 40,- €; bis 50.000 EW: 200,- €; >100.000 EW: 350,- €. Mindestsätze: 50% der jeweiligen Höchstsätze, dynamisiert jährlich. Beispiel 2021: Pauschale bis 5.000 EW mind. 82,58 €; Sitzungsgeld bis 50.000 EW mind. 20,65 €. Sonneberg (ca. 23.000 EW): Stadtrat 150,- €/Monat Sockelbetrag + 35,- € Sitzungsgeld.

Zuwendungen an Fraktionen: Wofür gibt es Geld?

Zuwendungen an Fraktionen: Das Geld für die Organisation

Nachdem wir uns die Aufwandsentschädigung für die einzelnen Mandatsträger angeschaut haben, kommen wir nun zum zweiten wichtigen finanziellen Aspekt der organisierten Politik: der Unterstützung für die Fraktionen (und manchmal auch Gruppen) im Rat oder Kreistag.

Damit Fraktionen ihre vielfältigen Aufgaben erfüllen können – dazu gehören die interne Organisation, die inhaltliche Vorbereitung von Sitzungen, die Koordination von Anträgen, die Öffentlichkeitsarbeit über ihre parlamentarische Tätigkeit und oft auch die Anstellung von Personal für eine Geschäftsstelle – benötigen sie finanzielle Mittel. Diese Unterstützung erhalten sie in der Regel aus dem Haushalt der

Kommune oder des Kreises. Man spricht hier offiziell meist von "Zuwendungen an Fraktionen", oft auch "Fraktionsmittel" oder "Fraktionszuschüsse" genannt.

Ein Beispiel aus NRW: Der Erlass für die Zuwendungen an Fraktionen

Wie solche Zuwendungen konkret geregelt sein können, zeigt beispielhaft der aktuell (2025) gültige Erlass des Landes Nordrhein-Westfalen aus dem Jahr 2015, der in Zusammenarbeit mit den kommunalen Spitzenverbänden überarbeitet wurde. Dieser Erlass stellt klar, dass Fraktionen in NRW einen gesetzlichen Anspruch auf finanzielle Zuwendungen für ihre sächlichen und personellen Aufwendungen für die Geschäftsführung haben. Ziel des Erlasses war es unter anderem, Unterschiede zwischen den Kommunen abzubauen und eine angemessene Mindestausstattung für alle Fraktionen zu gewährleisten, auch wenn die letztendliche Entscheidung über die Höhe im Ermessen der jeweiligen Kommune liegt.

Transparenz im Haushalt (Beispiel NRW)

Interessant für Bürgerinnen und Bürger in NRW: Laut Landesrecht müssen die Zuwendungen an die Fraktionen in einer besonderen Anlage zum Haushaltsplan der Kommune oder des Kreises aufgeführt werden. Wenn du also im Haushaltsplan deiner Kommune nach dem Stichwort "Zuwendungen an Fraktionen" suchst, kannst du in der Regel recht einfach herausfinden, welche Beträge die einzelnen Fraktionen für ihre Arbeit erhalten.

(Tipp: Den spezifischen Erlass für NRW von 2015 findest du übrigens relativ leicht über eine Google-Suche mit den Begriffen "Fraktionszuwendungen NRW Erlass".)

Aber Achtung: Bundesweite Unterschiede!

Der NRW-Erlass ist nur ein Beispiel! Es gilt, dass die Regelungen zur Finanzierung von Fraktionen von Bundesland zu Bundesland sehr unterschiedlich sind. Die Kommunalverfassungen der Länder geben oft nur einen groben Rahmen vor. Wie hoch die Mittel sind, nach welchem Schlüssel sie verteilt werden (z.b. Sockelbetrag plus Betrag pro Mitglied), wofür genau sie verwendet werden dürfen und wie die Verwendung nachgewiesen und kontrolliert wird – all das kann sich erheblich unterscheiden und ist oft auch in lokalen Satzungen oder Richtlinien weiter konkretisiert.

Was wir uns jetzt anschauen:

Im Folgenden wollen wir uns deshalb die grundsätzlichen Prinzipien und die typischen Regelungsmodelle für Fraktionszuwendungen anschauen, wie sie in Deutschland üblich sind. Wir werden darauf eingehen, wie der Bedarf ermittelt wird, nach welchen Kriterien die Mittel verteilt werden und welche Ausgaben typischerweise zulässig sind (und welche nicht). Dabei werden wir immer wieder auf die möglichen Unterschiede zwischen den Bundesländern hinweisen. Starten wir also mit der Frage: Wie wird der Bedarf einer Fraktion ermittelt und nach welchem Schlüssel werden die Mittel verteilt?

Materielle Ausstattung kommunaler Fraktionen in Deutschland: Ein Ländervergleich

- **Baden-Württemberg:**
  Rechtsgrundlage: GemO (allg.), IM-Grundsätze (1992)
  Finanzierungspflicht: Diskretionär ("Kann")
  Finanzierungsmodell: Sockel + Kopf (lokal)
  Infrastruktur: Lokal (oft Sachleistung)
  Personalmittel: Ja
  Kontrollmechanismen: Verwendungsnachweis,
    GPA-Prüfung
- **Bayern:**
  Rechtsgrundlage: GO (allg.), StMI-Hinweise
  Finanzierungspflicht: Diskretionär ("Kann")
  Finanzierungsmodell: Sockel / Kopf / Kombi (lokal)

Infrastruktur: Lokal (Sachleistung möglich)
Personalmittel: Ja
Kontrollmechanismen: Einfacher Nachweis,
  Rechnungsprüfung

- **Brandenburg:**
  Rechtsgrundlage: BbgKVerf (keine expl. Regelung),
    lokale Satzung, MI-Runderlass
  Finanzierungspflicht: Diskretionär ("Kann", lokal)
  Finanzierungsmodell: Sockel + Kopf (Beispiel FFO)
  Infrastruktur: Lokal
  Personalmittel: Ja (lokal)
  Kontrollmechanismen: Lokale Satzung,
    Verwendungsnachweis

- **Hessen:**
  Rechtsgrundlage: § 36a HGO
  Finanzierungspflicht: Diskretionär ("Kann")
  Finanzierungsmodell: Sockel + Kopf / Komplex (lokal)
  Infrastruktur: Lokal (Sachleistung möglich)
  Personalmittel: Ja
  Kontrollmechanismen: Einfacher Nachweis,
    Haushaltsanlage

- **Mecklenburg-Vorpommern:**
  Rechtsgrundlage: § 23 KV M-V (Definition), lokale
    Satzung/Richtlinie
  Finanzierungspflicht: Diskretionär ("Kann", lokal)
  Finanzierungsmodell: Sockel + Kopf (lokal)
  Infrastruktur: Lokal (teilw. Sachleistung)
  Personalmittel: Ja (lokal)
  Kontrollmechanismen: Verwendungsnachweis, Prüfung

- **Niedersachsen:**
  Rechtsgrundlage: § 57 Abs. 3 NKomVG, MI-RdErl.
  Finanzierungspflicht: Diskretionär ("Kann")
  Finanzierungsmodell: Lokal

Infrastruktur: Lokal (Sachleistung möglich)
Personalmittel: Ja
Kontrollmechanismen: Einfacher Nachweis, Prüfung
- **Nordrhein-Westfalen:**
Rechtsgrundlage: § 56 Abs. 3 GO NRW
Finanzierungspflicht: Obligatorisch ("Hat")
Finanzierungsmodell: Sockel + Kopf / Degressiv (lokal)
Infrastruktur: Lokal (Sachleistung möglich)
Personalmittel: Ja
Kontrollmechanismen: Allgemeine Haushaltskontrolle
- **Rheinland-Pfalz:**
Rechtsgrundlage: § 30a GemO (Definition), allg.
Haushaltsrecht
Finanzierungspflicht: Diskretionär (Freiwillig, lokal)
Finanzierungsmodell: Lokal
Infrastruktur: Lokal
Personalmittel: Ja (lokal)
Kontrollmechanismen: Rechnungshofprüfung (bei
Gewährung)
- **Sachsen:**
Rechtsgrundlage: § 35a SächsGemO / § 31a
SächsLKrO
Finanzierungspflicht: Obligatorisch (>30 Tsd. Ew.), sonst
Diskretionär
Finanzierungsmodell: Sockel + Kopf / Kombi (lokal)
Infrastruktur: Lokal (oft Sachleistung)
Personalmittel: Ja
Kontrollmechanismen: Einfacher Nachweis,
Haushaltsanlage
- **Sachsen-Anhalt:**
Rechtsgrundlage: § 44 KVG LSA (Definition), allg.
Haushaltsrecht, lokale Satzung
Finanzierungspflicht: Diskretionär ("Kann", lokal)

128

Finanzierungsmodell: Lokal
Infrastruktur: Lokal
Personalmittel: Ja (lokal)
Kontrollmechanismen: LRH-Prüfung (eingeschränkt)

- **Schleswig-Holstein:**
  Rechtsgrundlage: GO/KrO SH (implizit), lokale Richtlinie
  Finanzierungspflicht: Diskretionär ("Kann", lokal)
  Finanzierungsmodell: Sockel + Kopf (Beispiel PI)
  Infrastruktur: Lokal (teilw. Sachleistung)
  Personalmittel: Ja (lokal)
  Kontrollmechanismen: Verwendungsnachweis, Prüfung

- **Thüringen:**
  Rechtsgrundlage: § 25 ThürKO (Definition), lokale
  GO/Satzung
  Finanzierungspflicht: Diskretionär ("Kann", lokal)
  Finanzierungsmodell: Sockel + Kopf (Beispiel EA)
  Infrastruktur: Lokal (oft Sachleistung)
  Personalmittel: Ja (lokal)
  Kontrollmechanismen: Verwendungsnachweis, Prüfung
  (lokal)

Zulässige und unzulässige Verwendungszwecke der Fraktionszuwendungen

Anhand des Erlasses für NRW wollen wir beispielhaft aufzeigen, wofür Fraktionsmittel typischerweise verwendet werden dürfen und wofür nicht. Bitte beachte, dass dies spezifische Beispiele für NRW sind und die Regeln in anderen Bundesländern abweichen können! Die oben eingefügte Liste verweist auf die Rechtsgrundlagen der entsprechenden Regelungen in den anderen Bundesländern.

Beispiele für zulässige Verwendungszwecke nach dem NRW-Erlass:

Gemäß dem Erlass aus NRW sollen die Zuwendungen den

Fraktionen ermöglichen, ihre Geschäftsführung zu organisieren und ihre parlamentarische Arbeit zu unterstützen. Dazu gehören zum Beispiel:

- **Kosten für die Geschäftsstelle**: Miete für Büroräume (falls nicht von der Kommune gestellt), inklusive Nebenkosten; Anschaffung und Unterhaltung von Büromöbeln, Computern, Druckern und anderer IT-Ausstattung; laufende Kosten für Bürobedarf (Papier, Stifte etc.), Porto, Telefon und Internet.

- **Personal**: Bezahlung von Mitarbeiterinnen und Mitarbeitern für die Fraktionsgeschäftsführung (Organisation, Terminkoordination, Schriftverkehr) oder als wissenschaftliche bzw. fachliche Referenten zur Unterstützung der inhaltlichen Arbeit (der zulässige Umfang hängt u.a. von der Größe der Kommune und der Fraktion ab).

- **Information und Kommunikation**: Beschaffung von notwendiger Fachliteratur, Zeitungen oder Online-Medien; Mitgliedsbeiträge für kommunalpolitische Vereinigungen; Kosten für externe Beratungsleistungen in angemessenem Umfang.

- **Öffentlichkeitsarbeit der Fraktion**: Kosten für die Information der Öffentlichkeit über die Arbeit und Positionen der Fraktion (nicht der Partei!), z.B. durch Pressemitteilungen, Pressekonferenzen (inkl. angemessener Bewirtung), eigene Informationsbroschüren, den Betrieb einer Fraktions-Webseite oder die Nutzung sozialer Medien.

- **Fortbildung:** Kosten für die Teilnahme von Fraktionsmitgliedern und Mitarbeitern an Fortbildungsveranstaltungen, die sich auf kommunalpolitische Themen oder die Fraktionsarbeit beziehen (z.B. Seminare, Fachtagungen).

- **Sonstiges**: Unter bestimmten Voraussetzungen z.B. auch

Kosten für die Zuziehung von externen Sachverständigen zu Fraktionssitzungen, für Informationsveranstaltungen mit Bürgerinnen und Bürgern oder für Informationsreisen zur Vorbereitung von Ratsentscheidungen.

Beispiele für unzulässige Verwendungszwecke nach dem NRW-Erlass:

Genauso wichtig ist es zu wissen, wofür die Fraktionsmittel ausdrücklich nicht verwendet werden dürfen:

- **Parteifinanzierung**: Jegliche direkte oder indirekte Finanzierung der Mutterpartei oder ihrer Gliederungen, von Wahlkämpfen oder reiner Parteipropaganda ist strengstens verboten.

- **Doppelte Entschädigung von Mandatsträgern**: Zahlungen an Fraktionsmitglieder für Aufwendungen, die bereits durch die persönliche Aufwandsentschädigung oder das Sitzungsgeld abgegolten sind (z.B. pauschaler Ersatz für die Teilnahme an Fraktionssitzungen am Sitzungsort).

- **Private Ausgaben**: Kosten, die dem privaten Bereich der Mitglieder oder Mitarbeiter zuzuordnen sind.

- **Allgemeine Verfügungsmittel:** Pauschale "Topfgelder" für den Fraktionsvorstand, aus denen ohne Einzelnachweis z.B. kleine Geschenke oder Bewirtungen bestritten werden.

- **Spenden**: Zuwendungen an Vereine, soziale Einrichtungen oder andere Organisationen.

- **Reine Parteiveranstaltungen**: Kosten für die Teilnahme an Parteitagen oder Parteikongressen.

- **Allgemeine Bildungsreisen**: Reisen ohne konkreten, nachweisbaren Bezug zur aktuellen oder anstehenden Arbeit der Fraktion im Rat/Kreistag.

Diese Beispiele aus dem NRW-Erlass geben dir eine gute Vorstellung davon, dass die Fraktionsmittel zweckgebunden für die Unterstützung der parlamentarischen Arbeit der Fraktion gedacht sind und klar von Parteifinanzen und der persönlichen Entschädigung der Mandatsträger getrennt werden müssen.

Personalmittel der Fraktionen und die Frage des „Berufspolitikers"

Ein wesentlicher Posten, für den Fraktionsmittel verwendet werden (dürfen), sind oft die Personalkosten. Neben Ausgaben für Büromaterial oder Miete ermöglichen die Zuwendungen es Fraktionen – insbesondere größeren Fraktionen in größeren Kommunen – Mitarbeiterinnen und Mitarbeiter einzustellen, um die politische Arbeit zu professionalisieren. Das können zum Beispiel Fraktionsgeschäftsführer sein, die die Organisation managen, Sekretariatskräfte oder auch fachliche Referenten, die die Mandatsträger inhaltlich unterstützen. Der NRW-Erlass sieht dies beispielsweise explizit als möglichen Verwendungszweck vor, dessen Umfang sich nach der Größe und Komplexität der Aufgaben richtet.

Mandatsträger als Fraktionsmitarbeiter?

Eine interessante Frage ist, wer als Mitarbeiter bei einer Fraktion angestellt werden darf. Hier gibt es unterschiedliche Regelungen in Deutschland. So ist es in einigen Bundesländern, wie zum Beispiel Nordrhein-Westfalen (GO NRW §56 Abs. 4, Satz 1, KrO NRW § 40 Abs 4, Satz 1), unter bestimmten Voraussetzungen erlaubt oder zumindest nicht ausgeschlossen, dass auch gewählte Mitglieder der Fraktion (Mandatsträger) von ihrer eigenen Fraktion angestellt werden. Sie beziehen dann neben ihrer Aufwandsentschädigung für das Mandat zusätzlich ein Gehalt aus den Fraktionsmitteln für ihre Tätigkeit als Mitarbeiter (z.B. als Fraktionsgeschäftsführer). Inwieweit eine solche Anstellung auch in anderen Bundesländern zulässig ist, muss im jeweiligen Landesrecht und den lokalen Regelungen genau geprüft werden – das ist keine Selbstverständlichkeit!

Kombination von Einkünften und das „kommunale Berufspolitikertum"

Diese Möglichkeit (wo sie besteht), aber auch die erhöhten Aufwandsentschädigungen (Zulagen), die Mandatsträger oft für besondere Funktionen erhalten (wie z.b. als Fraktionsvorsitzender, Ausschussvorsitzender oder stellvertretender Bürgermeister bzw. Landrat), kann dazu führen, dass sich für einzelne Personen ein Einkommen ergibt, das es ihnen ermöglicht, sich hauptsächlich oder sogar ausschließlich auf die politische Arbeit zu konzentrieren.

Man kann hier durchaus von einer Form des „Berufspolitikertums auf kommunaler Ebene" sprechen. Damit wird man sicherlich nicht reich,, aber es kann eine finanzielle Grundlage bieten, um das zeitintensive politische Engagement quasi zum Beruf zu machen.

Wichtige Einschränkung: Es muss aber immer geprüft werden, welche Kombinationen von Einkünften (z.b. Gehalt aus Fraktionsmitteln plus bestimmte Funktionszulagen als Mandatsträger) nach den jeweiligen landes- und kommunalrechtlichen Vorschriften überhaupt zulässig sind. Hier kann es durchaus Einschränkungen geben, um eine übermäßige Kumulation von Bezügen zu vermeiden.

Die Finanzierung von Personal ist ein legitimer und wichtiger Bestandteil der Fraktionszuwendungen. Die Möglichkeit (in einigen Bundesländern), dass Mandatsträger auch von ihrer Fraktion angestellt werden können, eröffnet in Kombination mit Funktionszulagen Wege zu einer stärkeren Professionalisierung der Kommunalpolitik.

Teil 4: Das Handwerkszeug der Kommunalpolitik – Vom Wissen zum Handeln

Herzlichen Glückwunsch! Du hast dich jetzt schon durch eine ganze Menge Wissen zur Kommunalpolitik gearbeitet: Du verstehst die Grundlagen und Strukturen (Teil 1), kennst die Werkzeuge, die dir als Bürgerin oder Bürger zur Verfügung stehen (Teil 2), und weißt, wie man in formale Ämter kommt und wie die organisierte Politik im Rat oder Kreistag funktioniert (Teil 3).

Du kennst also das Spielfeld, die Regeln und die Mitspieler – eine wichtige Voraussetzung! Aber wie gewinnt man auf diesem Spielfeld? Wie setzt man sein Wissen und seine Anliegen in konkrete politische Erfolge um? Wissen allein reicht oft nicht aus; es braucht auch das richtige Handwerkszeug, die praktischen Fähigkeiten und Techniken, um politisch wirksam zu werden.

Genau darum geht es in diesem vierten Teil: Wir öffnen den Werkzeugkoffer für die praktische Kommunalpolitik. Hier konzentrieren wir uns auf die konkreten Tätigkeiten und Fähigkeiten, die du brauchst, egal auf welcher Ebene du dich engagierst – ob als Einzelperson, in einer Initiative, als Sachkundiger Bürger oder als gewähltes Mandatsmitglied.

Wir schauen uns unter anderem an:

- **Informationen beschaffen und verstehen**: Wie identifizierst du relevante politische Themen? Wie findest und nutzt du effektiv das Ratsinformationssystem? Wie liest und verstehst du komplexe Sitzungsvorlagen oder gar einen Haushaltsplan?

- **Kommunikation und Öffentlichkeitsarbeit**: Wie formulierst du deine Anliegen klar und überzeugend? Wie schreibst du eine Pressemitteilung, die vielleicht auch gedruckt wird? Wie nutzt du soziale Medien für politische Zwecke? Wie organisiert du eine Informationsveranstaltung? Und wie hältst du vielleicht sogar eine gute Rede?

- **Strategisches Vorgehen**: Wie formulierst du Anfragen und Anträge so, dass sie Aussicht auf Erfolg haben? Wie findest du Mitstreiterinnen und Mitstreiter und baust Netzwerke auf?

Diese "Handwerkszeuge" sind universell nützlich. Natürlich wird ein Fraktionsvorsitzender andere Schwerpunkte setzen als jemand, der "nur" eine Bürgeranregung schreiben will. Aber die Grundlagen – gut informiert sein, klar kommunizieren, Verbündete suchen – sind für jede Form des Engagements entscheidend.

Nach all der Theorie zu Strukturen und Rechten geht es jetzt ans konkrete "Machen". Es geht darum, wie du deine Ideen, deine Kritik und deine Energie in sichtbare politische Aktionen umwandelst.

Keine Sorge, hier wird niemand über Nacht zum Polit-Profi. Viele dieser Fähigkeiten entwickelt man erst mit der Zeit und durch Erfahrung. Aber dieser Teil will dir die Grundlagen, bewährte Tipps und einige Anleitungen an die Hand geben, um dir den Einstieg in die praktische politische Arbeit zu erleichtern und dich sicherer zu machen.

Fangen wir mit dem Fundament jeder politischen Aktion an: Wie kommst du an die richtigen Informationen und wie identifizierst du überhaupt die Themen, bei denen sich ein Engagement lohnt?

Themen finden und aufbereiten: Wissen, worum es geht

Bevor du politisch handeln kannst – sei es mit einer Anregung, einer Frage, einem Antrag oder im Wahlkampf – musst du natürlich erstmal wissen, welche Themen in deiner Kommune oder deinem Kreis überhaupt relevant sind und worum es dabei genau geht. Gute Politik beginnt mit guter Information und einem klaren Verständnis der Sachlage. Aber woher bekommst du diese Informationen und wie findest du heraus, was wichtig ist?

Quellen für Themen und Informationen:

- **Dein eigener Alltag und dein Umfeld**: Der offensichtlichste Startpunkt bist du selbst! Was fällt dir auf, wenn du durch deine Gemeinde gehst? Was funktioniert gut, was ärgert dich? Gibt es ein Schlagloch, das seit Monaten nicht repariert wird? Fehlt ein sicherer Schulweg für die Kinder? Wird der einzige kleine Lebensmittelladen im Ort schließen? Oft sind es die persönlichen Beobachtungen und Betroffenheiten, die den Anstoß für politisches Engagement geben. Sprich auch mit Nachbarn, Freunden und Bekannten – was bewegt sie?

- **Lokale Medien:** Die Lokalzeitung (gedruckt und/oder online), das Amts- oder Mitteilungsblatt deiner Kommune, eventuell auch lokale Radio- oder Fernsehsender sind wichtige Quellen. Sie berichten über Sitzungen des Rates und der Ausschüsse, über Entscheidungen der Verwaltung, über lokale Ereignisse und Probleme. Regelmäßiges Lesen oder Hören hilft dir, auf dem Laufenden zu bleiben und wichtige Themen zu identifizieren.

- **Das Ratsinformationssystem (RIS) / Bürgerinformationssystem (BIS):** Dein zentrales Werkzeug für detaillierte Informationen ist das RIS/BIS auf der Webseite deiner Kommune (falls vorhanden). Nutze es nicht nur passiv, sondern aktiv: **Tagesordnungen prüfen**: Schau dir regelmäßig die Tagesordnungen der kommenden Sitzungen von Rat, Kreistag und Ausschüssen an. Welche Themen stehen zur Debatte? Was klingt interessant oder betrifft dich? **Vorlagen lesen (!)**: Das ist oft der wichtigste Schritt! Zu den meisten Tagesordnungspunkten gibt es schriftliche Vorlagen der Verwaltung. Darin findest du Hintergrundinformationen, Analysen, rechtliche Bewertungen und den konkreten Beschlussvorschlag. Nur wer die Vorlagen liest, versteht wirklich, worüber entschieden wird!

Protokolle studieren: In den Protokollen (Niederschriften) vergangener Sitzungen kannst du nachlesen, wie diskutiert wurde und welche Beschlüsse gefasst wurden. Das hilft, die Entwicklung eines Themas zu verfolgen.

- **Öffentliche Sitzungen besuchen**: Geh hin und höre selbst zu! In den öffentlichen Sitzungen von Rat und Ausschüssen bekommst du einen direkten Eindruck von den Debatten, den unterschiedlichen Positionen und der Atmosphäre. Du hörst Argumente im Originalton und kannst oft besser einschätzen, wo die Knackpunkte liegen.

- **Gespräche und Netzwerke**: Rede mit Menschen! Sprich mit Vertretern von lokalen Vereinen, Verbänden oder Bürgerinitiativen. Sie sind oft Experten für ihre Themen. Suche das Gespräch mit Ratsmitgliedern oder Kreistagsabgeordneten (auch über Fraktionsgrenzen hinweg) oder mit zuständigen Mitarbeitern der Verwaltung. Frage nach Hintergründen und verschiedenen Sichtweisen.

- **Politische Gruppen**: Verfolge die Arbeit und die Veröffentlichungen der lokalen Parteien und Wählergemeinschaften. Sie greifen oft aktuelle Themen auf, formulieren Positionen und machen Vorschläge.

Informationen aufbereiten und verstehen:

Wenn du ein Thema gefunden hast, das dich interessiert, geht es darum, es zu verstehen:

- **Fokussieren**: Gerade am Anfang ist es sinnvoll, sich auf ein oder wenige Themen zu konzentrieren, statt sich zu verzetteln.

- **Gründlich lesen**: Nimm dir Zeit, die relevanten Vorlagen und Dokumente sorgfältig zu lesen. Was ist das genaue Problem? Was ist die vorgeschlagene Lösung? Welche Alternativen gibt es? Was sind die Kosten und Folgen?

- **Mehrere Quellen nutzen**: Verlasse dich nicht nur auf eine Quelle. Vergleiche die Darstellung in der Vorlage mit dem Zeitungsbericht und dem, was du vielleicht im Gespräch erfahren hast.

- **Fragen stellen**: Wo gibt es Unklarheiten? Welche Informationen fehlen dir noch? Welche Argumente überzeugen dich, welche nicht?

Zusammenfassung:
Themenfindung und Informationsbeschaffung sind die Basis für jede politische Aktion. Es erfordert Neugier, Aufmerksamkeit für das lokale Geschehen und die Bereitschaft, sich aktiv Informationen zu beschaffen – sei es durch das Lesen von Dokumenten, den Besuch von Sitzungen oder das Gespräch mit anderen. Erst wenn du ein Thema in seinen Grundzügen verstanden hast, kannst du sinnvoll entscheiden, wie du dich dazu positionieren und einbringen möchtest.

Ratsunterlagen richtig lesen und auswerten: Die Kunst, Wichtiges zu finden

Du hast ein Thema identifiziert, das dich interessiert, und findest im Ratsinformationssystem (RIS) die dazugehörigen Unterlagen für die nächste Ausschuss- oder Ratssitzung (und ja, das gilt natürlich 1:1 auch für Kreistagsunterlagen!). Und dann stehst du vielleicht vor einem digitalen Berg von Dokumenten – nicht selten hunderte von Seiten für eine einzige Sitzung. Wie soll man das bewältigen und vor allem: Wie stellt man sicher, dass man nichts Wichtiges übersieht? Das Lesen und Auswerten dieser Unterlagen ist eine Kernkompetenz in der Kommunalpolitik.

Was gehört zu den Rats-/Kreistagsunterlagen?

Normalerweise findest du im RIS pro Sitzung:

- **Die Tagesordnung (TO)**: Listet auf, welche Punkte beraten und entschieden werden sollen.

- **Die Vorlagen**: Das sind die entscheidenden Dokumente der Verwaltung zu den einzelnen Tagesordnungspunkten. Sie beschreiben das Anliegen, erläutern Hintergründe (rechtlich, sachlich), stellen oft Alternativen dar und enthalten am Ende einen konkreten Beschlussvorschlag, über den abgestimmt werden soll.

- **Die Anlagen**: Das können vielfältige Dokumente sein, die zur Vorlage gehören: Pläne, Karten, Verträge, Statistiken, aber eben auch oft umfangreiche Gutachten (z.B. Lärmschutz, Umweltverträglichkeit, Baugrund) oder Stellungnahmen von anderen Ämtern und Behörden (vom Kampfmittelräumdienst über die Feuerwehr bis zur Müllabfuhr, wie du sagst).

Die Herausforderung: Menge und versteckte Details

Die schiere Menge an Text kann erschlagend sein. Ein aktualisiertes Nahverkehrskonzept kann 600 Seiten umfassen, weil jede Fahrplanänderung detailliert aufgeführt ist. Ein Bebauungsplan mit allen Gutachten und Stellungnahmen kommt schnell auf ähnliche Umfänge.

Das wirklich Tückische ist aber, dass sich die entscheidenden Weichenstellungen oder brisanten Details manchmal in unscheinbaren Nebensätzen oder Fußnoten verstecken. Ein Beispiel: Ein harmlos klingender Satz wie „Der Nahverkehr solle sicherer gestaltet werden" wird später als Legitimation für eine millionenschwere Investition in Kameratechnik herangezogen, über die vielleicht nie explizit als solche abgestimmt wurde.

Der Lernprozess: Vom Durchbeißen zur Effizienz

- **Für Anfänger**: Wenn du neu dabei bist, führt kaum ein Weg daran vorbei: Du musst dich anfangs durch einen Großteil des Materials durchbeißen. Lies verschiedene Vorlagen und Anlagen komplett, auch wenn es mühsam ist. Nur so entwickelst du ein Gefühl für den typischen Aufbau, die verwendete Sprache und die wiederkehrenden Elemente.

- **Für Fortgeschrittene**: Mit der Zeit wirst du feststellen, dass sich vieles wiederholt. Die Einleitung, die Darstellung der Rechtslage, die Schlussformeln – oft sind das Textbausteine.

- Hier kannst du lernen, effizienter zu lesen: **Beschlussvorschlag zuerst**: Was soll genau entschieden werden? – Ein Klassiker: „Der Rat nimmt zustimmend zur Kenntnis." – hier wird aus einer scheinbaren Kenntnisnahme eine Zustimmung.

- **Zusammenfassung/Kernbegründung** lesen: Was sind die Hauptargumente der Verwaltung?

- **Auf das Neue konzentrieren**: Identifiziere die Abschnitte, die spezifisch für diesen Fall sind. Das ist oft der „differenzierende Teil", der die eigentliche Neuerung oder das Problem beschreibt. Diesen Teil lies umso genauer! Hier verstecken sich oft die Fallstricke und die Punkte, an denen man ansetzen kann.

- **Finanzen und Folgen prüfen**: Abschnitte zu Kosten und Auswirkungen immer genau lesen! Und wenn dazu nichts mitgeteilt wird: Nachfragen! Wird etwas neues geschaffen, so muss es i. d. R. auch erhalten werden, erzeugt also Erhaltungsaufwand – ist der benannt?

- **Anlagen strategisch nutzen**: Bei Gutachten und Stellungnahmen lies zuerst die Zusammenfassung oder das Fazit. Nur bei Bedarf oder Unklarheiten ins Detail gehen.

Achte bei Stellungnahmen anderer Behörden auf kritische Anmerkungen oder Bedingungen!

Achtung: Die Salamitaktik und die Macht der ersten Entscheidung!

Sei besonders wachsam bei einer beliebten Vorgehensweise, die man als „Salamitaktik" beschreiben kann:

- Oft wird zuerst nur ein Grundsatzbeschluss oder ein Prüfauftrag zur Abstimmung gestellt („Man könne ja grundsätzlich beschließen...", „Die Verwaltung wird beauftragt zu prüfen..."). Das klingt unverbindlich, und viele stimmen zu, um nicht als Blockierer dazustehen.

- Mit diesem „grundsätzlichen OK" werden aber oft schon Pflöcke eingeschlagen. Es dient als Rechtfertigung, um teure Gutachten in Auftrag zu geben oder erste Planungsgelder auszugeben.

- Bei der nächsten Abstimmung zu diesem Thema (z.B. über die konkrete Planung oder die Finanzierung) herrscht dann psychologischer Druck: „Ihr habt doch schon grundsätzlich zugestimmt!", „Wir haben doch schon viel Geld für Gutachten ausgegeben!", „Andere Alternativen haben wir wegen des Grundsatzbeschlusses schon verworfen..."

Der einmal eingeschlagene Pfad ist dann nur noch sehr schwer zu verlassen.

Deshalb: Sei bei der allerersten Beschlussfassung zu einem neuen Thema extrem aufmerksam, auch wenn sie noch so unscheinbar daherkommt! Frage dich immer:

- Was wird hier wirklich entschieden?
- Welche finanziellen oder personellen Konsequenzen löst dieser erste Schritt bereits aus (z.B. Kosten für Gutachten)?
- Welche Weichen werden damit gestellt? Welche Türen

öffnen sich, welche schließen sich?
- Ist das nur eine Prüfung oder schon eine Vorentscheidung für eine bestimmte Richtung?

Das Lesen und Auswerten von Rats- und Kreistagsunterlagen ist eine anspruchsvolle, aber erlernbare Fähigkeit. Es erfordert anfangs Geduld, später strategisches Vorgehen, immer ein kritisches Auge für Details und ein Bewusstsein für politische Taktiken wie die „Salamitaktik". Diese sorgfältige Arbeit ist aber unerlässlich, um fundiert mitdiskutieren und verantwortungsvoll entscheiden zu können. Wenn etwas unklar ist: Frag nach – bei der Verwaltung oder erfahrenen Kollegen!

Öffentlichkeitsarbeit: Tue Gutes und rede darüber!

Du hast dich nun intensiv mit Themen beschäftigt, Informationen gesammelt und vielleicht schon erste Positionen bezogen oder Anträge formuliert. Du verstehst, was im Rat oder Kreistag läuft. Aber was bringt das alles, wenn die Menschen außerhalb des Rathauses oder Kreishauses nichts davon mitbekommen? Wie erfahren die Bürgerinnen und Bürger, wofür du oder deine politische Gruppe steht, was ihr erreicht habt oder welche Missstände ihr anprangert?

Hier kommt die Öffentlichkeitsarbeit ins Spiel – oft auch Public Relations (PR) genannt. Im Kern geht es darum, die eigene politische Arbeit, die Ziele, die Positionen und die Ergebnisse aktiv nach außen zu kommunizieren und für die Öffentlichkeit sichtbar und verständlich zu machen. Es reicht nicht, nur gute Arbeit zu leisten – man muss auch darüber reden!

Warum ist Öffentlichkeitsarbeit in der Kommunalpolitik so wichtig?

- **Transparenz schaffen**: Du informierst die Bürgerinnen und

Bürger darüber, was im Rat/Kreistag diskutiert und entschieden wird und welche Haltung du oder deine Fraktion/Gruppe dazu habt.

- **Unterstützung mobilisieren**: Du kannst für deine Anliegen werben, Verständnis schaffen und Menschen dazu bringen, deine Positionen zu unterstützen oder sich vielleicht sogar selbst zu engagieren.

- **Rechenschaft ablegen**: Als politischer Akteur stehst du in der Verantwortung gegenüber den Wählerinnen und Wählern. Öffentlichkeitsarbeit ist ein Weg, dein Handeln zu erklären und dich der öffentlichen Diskussion zu stellen.

- **Themen setzen**: Du kannst durch gezielte Kommunikation eigene Themen auf die lokale Agenda bringen und die öffentliche Debatte mitprägen.

- **Position beziehen**: Du kannst deine Sicht auf die Dinge darstellen, Gerüchte korrigieren oder auf Kritik reagieren.

Wer macht Öffentlichkeitsarbeit?

Nicht nur große Parteien oder Fraktionen! Auch kleinere Gruppen, Wählergemeinschaften, einzelne Rats- oder Kreistagsmitglieder und natürlich auch Bürgerinitiativen oder engagierte Einzelpersonen können und sollten Öffentlichkeitsarbeit nutzen, um ihre Ziele zu verfolgen und ihre Anliegen bekannt zu machen.

Was erwartet dich in diesem Abschnitt?

Wir schauen uns jetzt einige konkrete Werkzeuge und Methoden an, die dir für deine politische Öffentlichkeitsarbeit zur Verfügung stehen:

- Wie verfasst man eine Pressemitteilung, die eine Chance hat, von lokalen Medien aufgegriffen zu werden?

- Wie geht man am besten mit lokalen Journalistinnen und

Journalisten um?

- Wie kann man soziale Medien (wie Facebook, Instagram, X etc.) sinnvoll für die politische Arbeit nutzen?

- Wie plant und organisiert man eine eigene Veranstaltung, zum Beispiel einen Informationsabend oder eine Diskussionsrunde?

- Welche Rolle spielen Flyer, Plakate oder eine eigene Webseite?

Gute Öffentlichkeitsarbeit ist kein Hexenwerk, aber sie erfordert etwas Planung, Sorgfalt und Übung. Nicht jede Aktion wird gleich ein riesiger Erfolg sein. Aber die Grundlagen sind erlernbar, und eine kontinuierliche Kommunikation nach außen ist für eine erfolgreiche politische Arbeit unerlässlich.

Beginnen wir mit einem der klassischsten Instrumente, das auch im digitalen Zeitalter noch eine wichtige Rolle spielt: der Pressemitteilung.

Pressemitteilungen schreiben: Die Nachricht an die Medien

Eine Pressemitteilung (oft abgekürzt als PM) ist ein Standardinstrument, um Medien – und über sie die Öffentlichkeit – über Neuigkeiten, Positionen, Veranstaltungen oder Reaktionen deiner politischen Gruppierung oder Initiative zu informieren. Ziel ist es, dass Journalistinnen und Journalisten deine Nachricht aufgreifen und darüber berichten.

Schritt 1: Den Presseverteiler aufbauen

Bevor du deine erste PM verschickst, brauchst du natürlich eine Liste mit Adressen, an die du sie senden kannst – deinen Presseverteiler.

- **Was gehört rein?** Sammle die Kontaktdaten aller relevanten Medien für deine Kommune oder dein Thema. Das sind nicht nur die Lokalredaktionen der Tageszeitungen, sondern auch lokale Anzeigenblätter, lokale Radiosender, relevante Online-Nachrichtenportale, die Betreiber von lokalen Info-Webseiten oder Blogs und vielleicht sogar freie Journalisten, die über deine Region berichten. Suche nach den spezifischen E-Mail-Adressen für die Redaktionen (oft redaktion@..., lokales@..., politik@...) oder nach den Kontaktdaten der zuständigen Redakteure.

- **Datenschutz beachten:** Die E-Mail-Adressen, die Medien explizit für Pressemitteilungen auf ihrer Webseite (z.B. im Impressum) angeben (wie die redaktion@...-Adressen), darfst du in der Regel für diesen Zweck speichern und nutzen. Hier geht man von einem berechtigten Interesse und einer konkludenten Einwilligung zum Empfang von Pressematerial aus. Bei personalisierten Adressen (vorname.nachname@...) ist mehr Vorsicht geboten – hier könnte es sicherer sein, vorher kurz nachzufragen, ob die Aufnahme in den Verteiler in Ordnung ist. Im Zweifel gilt: Lieber einmal mehr nachfragen oder nur die allgemeinen Redaktionsadressen verwenden!

Schritt 2: Die Pressemitteilung schreiben – Worauf kommt es an?

Eine gute PM ist klar, informativ und auf die Bedürfnisse von Journalisten zugeschnitten. Sie sollten schnell erkennen können, worum es geht und ob die Nachricht für ihre Leserschaft relevant ist.

- **Die Überschrift**: Kurz, prägnant, aussagekräftig! Sie sollte die Kernbotschaft enthalten und zum Weiterlesen anregen. (z.B. "Fraktion Beispielname beantragt zusätzliche Mittel für Radwege")

- **Der Lead-Absatz (Vorspann)**: Das ist der wichtigste Teil!

Die ersten ein bis zwei Sätze müssen die klassischen W-Fragen beantworten: Wer macht/sagt was? Wann und Wo ist es passiert oder soll es passieren? Warum ist das wichtig? Oft entscheidet sich schon hier, ob die PM weiter beachtet wird. Schreibe im Nachrichtenstil: Das Wichtigste zuerst!

- **Der Hauptteil**: Hier kannst du die Informationen aus dem Lead vertiefen. Liefere Hintergründe, Details und Argumente. Nutze kurze Absätze und eine klare, verständliche Sprache. Vermeide übermäßiges Fachchinesisch oder erkläre es kurz. Bleibe bei den Fakten, auch wenn du eine klare Position vertrittst.

- **Zitate**: Baue ein oder zwei prägnante Zitate ein, z.B. vom Fraktionsvorsitzenden oder einem thematisch zuständigen Mitglied. Zitate lockern den Text auf, verleihen ihm eine persönliche Note und transportieren Kernbotschaften. Kennzeichne sie deutlich mit Namen und Funktion der zitierten Person.

- **Der Abbinder (Boilerplate)**: Füge am Ende einen kurzen Standard-Absatz ein, der deine Fraktion, WG oder Initiative kurz vorstellt (z.B. "Die Fraktion Beispielname im Rat der Stadt Musterstadt setzt sich ein für...") und klare Kontaktdaten für Rückfragen enthält (Name Ansprechpartner, Telefonnummer, E-Mail-Adresse, evtl. Webseite).

- **Formales**: Vergiss nicht das Datum der Veröffentlichung. Kennzeichne das Ende der Mitteilung deutlich (z.B. mit ###). Halte die PM kurz und prägnant – idealerweise passt alles auf eine DIN-A4-Seite, maximal zwei. Journalisten haben wenig Zeit.

- **Anhänge (Optional)**: Du kannst relevante Fotos (hochauflösend, mit Angabe der Bildrechte!), Grafiken oder weiterführende Dokumente anhängen oder Links dazu anbieten.

Schritt 3: Die E-Mail richtig versenden (BCC!)

Wann versenden?

Am besten zu normalen Bürozeiten, z.b. morgens oder am frühen Nachmittag, damit die Redaktionen die PM noch für die nächste Ausgabe oder den aktuellen Online-Dienst berücksichtigen können.

Wenn du deine PM per E-Mail verschickst (was heute Standard ist), nutze unbedingt das BCC-Feld (Blind Carbon Copy / Blindkopie) für alle Empfängeradressen!

- **Warum?** Erstens schützt du die Privatsphäre der Empfänger – nicht jeder Journalist möchte, dass alle anderen sehen, wer noch auf dem Verteiler steht. Zweitens vermeidest du unschöne "Allen antworten"-Kettenmails. Drittens wirkt es professioneller.

- **Wie?** Trage deine eigene E-Mail-Adresse in das "An"-Feld ein und alle Adressen aus deinem Presseverteiler in das "BCC"-Feld. Im Betreff sollte klar stehen, worum es geht (z.B. "PM: Fraktion XYZ fordert Tempo 30 vor Schule").

Nachhaken?

Sei zurückhaltend damit. Journalisten bekommen viele PMs. Nur bei wirklich herausragenden Nachrichten oder wenn du eine persönliche Beziehung hast, kann ein kurzer, höflicher Anruf zur Nachfrage sinnvoll sein. Im Normalfall gilt: Wenn die PM gut und relevant ist, wird sie beachtet.

Aber selbst wenn die PM keinen Niederschlag in der Berichterstattung findet, kann sie eine Wirkung haben. Nämlich allein dadurch, dass die Presse nun die entsprechenden Positionen kennt.

Fazit:

Die Pressemitteilung ist ein wichtiges Instrument, um Medien gezielt mit deinen Informationen zu versorgen. Ein guter Verteiler, die Nutzung von BCC und vor allem eine klare, informative und auf den Punkt gebrachte Schreibweise erhöhen die Chance, dass deine Botschaft Gehör findet.

Veranstaltungen planen und durchführen: Der direkte Draht zum Bürger

Neben der schriftlichen Kommunikation über Pressemitteilungen oder Online-Kanäle sind Veranstaltungen ein kraftvolles Instrument der kommunalpolitischen Öffentlichkeitsarbeit. Sie ermöglichen den direkten Dialog mit Bürgerinnen und Bürgern, bieten Raum für ausführliche Informationen und Diskussionen und können Menschen für ein Thema mobilisieren. Eine gut gemachte Veranstaltung hinterlässt oft einen stärkeren Eindruck als viele geschriebene Worte.

Warum überhaupt eine Veranstaltung organisieren?

- **Direkter Austausch**: Du kommst unmittelbar mit Menschen ins Gespräch, hörst ihre Meinungen, Sorgen und Ideen.

- **Vertiefte Information**: Komplexe Themen lassen sich oft besser mündlich und im Dialog erklären als in einem kurzen Text.

- **Netzwerken & Gemeinschaft**: Veranstaltungen bringen Menschen zusammen, stärken den Zusammenhalt und können neue Unterstützer gewinnen.

- **Präsenz zeigen**: Du oder deine Gruppe zeigt Gesicht, demonstriert Kompetenz und die Bereitschaft zur Auseinandersetzung.

- **Mobilisierung**: Eine Veranstaltung kann der Startschuss für eine gemeinsame Aktion oder Initiative sein.

- **Feedback erhalten**: Du bekommst ungefilterte Rückmeldungen zu deinen Positionen und Vorschlägen.

Von der Idee zur gelungenen Veranstaltung: Eine Checkliste

Eine Veranstaltung zu organisieren, erfordert gute Planung. Egal ob kleiner Infoabend oder größere Podiumsdiskussion – folgende Punkte solltest du bedenken:

- **Ziel und Zielgruppe (Was & Für Wen?)**: Was willst du mit der Veranstaltung erreichen? Willst du informieren, diskutieren, Unterstützer gewinnen, Feedback sammeln? Wen genau möchtest du ansprechen (alle Bürger, bestimmte Anwohner, Fachleute, junge Leute, Senioren...)? Das Ziel bestimmt das Format und den Inhalt.

- **Thema und Format (Worum geht's & Wie?)**: Wähle ein klares, relevantes Thema. Entscheide dich für ein passendes Format:
  Informationsveranstaltung: Vortrag mit anschließender Fragerunde.
  Podiumsdiskussion: Mehrere Experten oder Politiker diskutieren ein Thema, oft mit Publikumsbeteiligung.
  Bürgergespräch / Stadtteiltreff: Offene Gesprächsrunde zu lokalen Themen.
  Workshop / Werkstatt: Gemeinsames Erarbeiten von Ideen oder Lösungen.
  Ortsbegehung / Stadtteilspaziergang: Ein Problem oder eine Planung direkt vor Ort anschauen und diskutieren.
  Informationsstand: Auf einem Markt, in der Einkaufszone oder auf einem Fest Präsenz zeigen und ins Gespräch kommen.

- **Termin und Uhrzeit (Wann?):** Wähle einen passenden Zeitpunkt. Achte auf Wochentag (Berufstätige?), Uhrzeit (Feierabend?), Ferienzeiten oder konkurrierende Großveranstaltungen im Ort. Plane genug Vorlaufzeit für Organisation und Bewerbung ein!

- **Ort (Wo?):** Finde einen geeigneten Raum. Kriterien: Größe passend zur erwarteten Teilnehmerzahl, Erreichbarkeit (ÖPNV, Parkplätze), Barrierefreiheit, technische Ausstattung (Mikrofonanlage, Beamer?), Atmosphäre, Kosten. Mögliche Orte, die oft günstig zur Verfügung stehen: Bürgersaal, Gaststätte (Nebenraum), Vereinsheim, Aula einer Schule, Bibliothek, Gemeindezentrum... Buche den Raum frühzeitig! Bei Außenveranstaltungen (Infostand): Genehmigung einholen!

- **Inhaltliche Planung & Akteure (Wer macht was?):** Wer hält den Vortrag? Wen lädst du aufs Podium ein? Wer moderiert die Veranstaltung (wichtig für den roten Faden und die Zeit)? Kümmere dich rechtzeitig um Zusagen und briefe alle Beteiligten genau über Thema, Ablauf und ihre Rolle.

- **Budget und Ressourcen (Was kostet's & Wer hilft?):** Erstelle eine Kostenübersicht: Raummiete, Technik, evtl. kleine Verpflegung (Getränke?), Druckkosten für Flyer/Materialien, evtl. Fahrtkosten oder Honorare für externe Referenten. Woher kommt das Geld? (Evtl. Fraktionsmittel – Zulässigkeit prüfen!, Spenden, Eigenmittel?). Wer aus deinem Team übernimmt welche Aufgabe in der Vorbereitung und am Veranstaltungstag?

- **Einladung und Bewerbung (Wie erfahren die Leute davon?):** Das ist entscheidend! Nutze verschiedene Kanäle: **Pressemitteilung** an die Lokalmedien. **Ankündigung auf Social Media** (ggf. als Veranstaltung erstellen). **Eintrag in lokale Veranstaltungskalender** (online, Amtsblatt).

Flyer und Plakate (an relevanten Orten verteilen / aufhängen / auslegen – Genehmigungen beachten!).
Persönliche Einladungen per E-Mail oder Brief an Multiplikatoren, Vereine, Betroffene.
Mundpropaganda. Beginne rechtzeitig mit der Bewerbung!

- **Logistik vor Ort (Der Tag X)**: Denke an Details: Ausschilderung zum Raum, Begrüßung/Registrierung der Gäste (wenn nötig), Bestuhlung, Technik-Check (Mikro, Beamer), bereitliegende Materialien (Infoblätter, Stifte), Getränke, Namensschilder für Podiumsgäste... Teile klare Aufgaben zu (wer macht was?).

- **Formalitäten**: Brauchst du Genehmigungen (z.B. für Außenveranstaltung, Plakatierung)? Musst du GEMA anmelden (wenn Musik läuft)? Wie sieht es mit der Haftpflichtversicherung aus?

Während der Veranstaltung:

- Begrüße die Gäste herzlich.
- Stelle das Thema und die Mitwirkenden vor.
- Sorge für einen roten Faden und halte den Zeitplan (zumindest ungefähr) ein.
- Moderiere Diskussionen fair und beziehe das Publikum mit ein.
- Bedanke dich am Ende bei allen Beteiligten und Gästen.
- Sammle ggf. Kontaktdaten für weitere Informationen (Datenschutzkonform / DSGVO!).

Nach der Veranstaltung:

- Bedanke dich bei Referenten, Moderatoren und Helfern. Werte die Veranstaltung aus: Was lief gut, was weniger? Wurden die Ziele erreicht?
- Informiere ggf. die Presse oder die Öffentlichkeit über die Ergebnisse (z.B. durch eine weitere PM, Social Media Post, Bericht auf der Webseite).

- Kümmere dich um offene Punkte oder Fragen, die während der Veranstaltung aufkamen.

Im Ergebnis:

Veranstaltungen sind aufwändiger als eine Pressemitteilung, aber sie bieten einzigartige Chancen für den direkten Austausch, die Vertiefung von Themen und die Mobilisierung von Menschen. Fange vielleicht klein an (z.b. mit einem Infoabend im kleinen Kreis) und sammle Erfahrungen. Eine gut geplante und durchgeführte Veranstaltung kann deine politische Arbeit enorm bereichern!

Nutzung von Webseiten, sozialen Netzwerken, Flyern und Plakaten: Deine direkten Kanäle

Neben der Zusammenarbeit mit der Presse und der Organisation von Veranstaltungen gibt es weitere wichtige Werkzeuge, um deine politischen Botschaften direkt an die Bürgerinnen und Bürger zu bringen und deine Präsenz zu zeigen. Dazu gehören vor allem eine eigene Webseite, die Nutzung sozialer Medien sowie klassische Printmaterialien wie Flyer und Plakate.

1. Die eigene Webseite: Dein digitales Zuhause

- **Zweck:** Eine eigene Webseite dient als zentrale Anlaufstelle für alle Informationen über dich, deine Fraktion, WG oder Initiative. Sie ist dein "digitales Aushängeschild", schafft einen professionellen Eindruck und ermöglicht es dir, Inhalte dauerhaft und strukturiert zu präsentieren.

- **Inhalte**: Was gehört drauf? Zumindest die Basics: Wer seid ihr? Wofür steht ihr? Wer sind die Ansprechpartnern (mit Kontaktdaten)? Aktuelle Nachrichten, Positionspapiere, Termine, Links zu Social-Media-Profilen. Fotos können die

Seite lebendiger machen.

- **Umsetzung**: Das muss heute nicht teuer oder kompliziert sein. Mit Baukastensystemen oder einfachen Content-Management-Systemen (wie WordPress) lässt sich auch mit begrenztem Budget und Know-how eine ansprechende Webseite erstellen. Wichtig ist aber: Sie muss aktuell gehalten werden! Eine veraltete Webseite schadet mehr, als sie nützt. Unbedingt beachten: Denk an die gesetzlichen Pflichtangaben wie Impressum und Datenschutzerklärung (DSGVO)!

2. Soziale Netzwerke: Schnell, direkt, interaktiv

- **Zweck:** Soziale Medien (wie Facebook, Instagram, X (ehemals Twitter), evtl. TikTok etc.) eignen sich hervorragend für schnelle Informationen, kurze Updates, das Teilen von Eindrücken (z.B. Fotos von Veranstaltungen oder Ortsterminen) und vor allem für den direkten Dialog mit Bürgerinnen und Bürgern. Du erreichst hier oft auch Zielgruppen, die keine Zeitung lesen oder deine Webseite besuchen.

- **Inhalte**: Teile Links zu Pressemitteilungen oder deiner Webseite, kündige Veranstaltungen an, poste kurze Statements zu aktuellen Themen, stelle Fragen, reagiere auf lokale Ereignisse, zeige Bilder von deiner Arbeit. Wähle die Plattform(en), die zu deiner Zielgruppe passen – du musst nicht überall sein!

- **Wichtige Aspekte**: Soziale Medien erfordern Regelmäßigkeit und Interaktion. Du solltest auf Kommentare und Nachrichten zeitnah reagieren. Sei dir bewusst, dass der Ton hier oft rauer ist – überlege dir eine Strategie im Umgang mit Kritik oder gar "Trollen". Achte auch hier auf Datenschutz und die Nutzungsbedingungen der Plattformen.

3. Flyer: Die Botschaft zum Mitnehmen

- **Zweck**: Flyer (oder Handzettel) sind ideal, um kurze, prägnante Informationen zu einem spezifischen Thema oder einer Veranstaltung zu verbreiten. Sie eignen sich gut zum Auslegen an Infoständen, zur Verteilung bei Veranstaltungen oder auch mal für eine gezielte Verteilung in einem bestimmten Wohngebiet (Haustür oder Briefkasten – Achtung: "Keine Werbung"-Aufkleber beachten!).

- **Inhalte**: Konzentriere dich auf das Wesentliche! Eine klare Überschrift, ein kurzer, verständlicher Text, der das Problem oder das Angebot erklärt, Kontaktdaten und ein klarer Aufruf zum Handeln (z.B. "Komm zur Veranstaltung am...", "Besuche unsere Webseite für mehr Infos:", "Unterstütze unsere Forderung!"). Eine ansprechende Gestaltung hilft.

- **Umsetzung**: Einfache Flyer kannst du selbst am Computer gestalten (z.B. mit Programmen wie Canva oder Word). Der Druck ist über Online-Druckereien oder lokale Copyshops oft günstig möglich.

4. Plakate: Sichtbarkeit im öffentlichen Raum

- **Zweck**: Plakate dienen vor allem dazu, Aufmerksamkeit zu erregen und eine kurze, prägnante Botschaft oder einen Terminhinweis sichtbar zu machen. Sie sind besonders wichtig im Wahlkampf ("Wahlplakate") oder zur Bewerbung größerer Veranstaltungen.

- **Inhalte**: Hier gilt: Weniger ist mehr! Ein starkes Bild oder Logo, ein kurzer, einprägsamer Slogan oder Titel, die wichtigsten Infos (WAS? WANN? WO? WER?), klare Absenderkennung. Das Plakat muss auch aus einiger Entfernung und im Vorbeigehen wirken.

- **Ganz wichtig**: Genehmigungen! Das Aufhängen von Plakaten im öffentlichen Raum (an Laternen, Zäunen etc.) ist fast immer genehmigungspflichtig! Die Regeln dafür (erlaubte Standorte, Anzahl, Größe, Dauer, Gebühren) legt deine Kommune (meist das Ordnungsamt) fest, und sie sind oft sehr streng – besonders außerhalb von offiziellen Wahlkampfzeiten. Informiere dich unbedingt bei deiner Stadt oder Gemeinde, bevor du Plakate druckst oder aufhängst, sonst drohen Bußgelder und die Plakate müssen wieder entfernt werden!

Allgemeine Tipps für alle Materialien:

- **Einheitliches Design**: Sorge für einen Wiedererkennungswert durch einheitliche Farben, Logos, Schriftarten.

- **Klare Sprache**: Vermeide Fachjargon und komplizierte Schachtelsätze.

- **Kontaktdaten**: Immer angeben, wie man dich/euch erreichen kann!

- **V.i.S.d.P.** (Verantwortlich im Sinne des Presserechts) nicht vergessen! Der V.i.S.d.P. – ausgeschrieben: Verantwortlich im Sinne des Presserechts – ist eine gesetzlich vorgeschriebene Angabe auf politischen Druckerzeugnissen wie Flyern, Plakaten oder Broschüren. Sie dient der Transparenz und stellt sicher, dass im Fall rechtlicher Fragen (z. B. wegen falscher Inhalte oder Verstößen gegen das Presserecht) eine Person benannt werden kann, die für den Inhalt verantwortlich ist.

- Die Angabe muss Name und ladungsfähige Anschrift enthalten. In der Regel ist dies die Person, die den Text verantwortet und veröffentlicht – häufig ein Mitglied des Vorstands, der Pressestelle oder ein Kandidat selbst.

- **Korrekturlesen**: Fehler wirken unprofessionell – lass immer jemanden gegenlesen!

Zusammenfassend:

Webseiten, soziale Netzwerke, Flyer und Plakate sind wertvolle Ergänzungen zur Pressearbeit und zu Veranstaltungen. Sie ermöglichen dir, deine Botschaften direkt und gezielt zu verbreiten und sichtbar zu sein. Wähle die Kanäle und Materialien, die zu deinem Ziel, deiner Zielgruppe und deinen Ressourcen passen, und beachte immer die rechtlichen Rahmenbedingungen (Datenschutz, Genehmigungen).

Netzwerken und Ressourcen: Gemeinsam ist man stärker

Du hast ein Thema gefunden, dich informiert, vielleicht schon eine Pressemitteilung geschrieben oder eine Veranstaltung geplant. Aber eines wirst du schnell merken: Kommunalpolitik ist selten ein Sololauf. Um wirklich etwas zu bewegen, braucht man Verbündete, Unterstützung und Zugang zu verschiedenen Ressourcen. Erfolgreiche politische Arbeit bedeutet daher auch immer, gut vernetzt zu sein und die vorhandenen Mittel klug zu nutzen.

Netzwerken: Beziehungen sind das A und O

Politik wird von Menschen für Menschen gemacht. Beziehungen aufzubauen und zu pflegen ist deshalb essenziell.

Warum netzwerken?

- **Mitstreiter finden**: Gemeinsam lassen sich Ziele leichter erreichen.

- **Andere Perspektiven gewinnen**: Im Gespräch mit anderen erweitert sich der eigene Horizont.

- **Informationen erhalten**: Oft erfährt man wichtige Dinge im persönlichen Austausch, die in keiner Vorlage stehen.

- **Expertise nutzen**: Du musst nicht alles selbst wissen! In deinem Netzwerk gibt es vielleicht genau die Fachleute, die du brauchst.

- **Koalitionen schmieden**: Für bestimmte Anliegen lassen sich vielleicht auch über Partei- oder Gruppengrenzen hinweg Mehrheiten organisieren.

- **Gegenseitige Unterstützung**: Man kann sich gegenseitig helfen und motivieren.

Mit wem netzwerken?

- **Gleichgesinnte Bürger**: Sprich mit Nachbarn, Freunden, Kollegen. Gibt es Menschen, die dein Anliegen teilen? Gründet eine lose Gruppe oder schließt euch einer bestehenden Bürgerinitiative an.

- **Lokale Experten**: Halte die Augen offen! Oft wohnt die Expertise direkt nebenan. Der Nachbar ist vielleicht Ingenieur und kennt sich mit Verkehrsplanung aus, die Freundin ist Lehrerin und Expertin für Schulthemen, der Bekannte arbeitet im Umweltamt. Sprich diese Menschen gezielt an – viele helfen gerne mit ihrem Wissen, wenn es um die eigene Gemeinde geht!

- **Vereine und Verbände**: Baue Kontakte zu lokalen Vereinen (Sport, Kultur, Soziales, Naturschutz etc.), Kirchen, Gewerkschaften oder Wirtschaftsverbänden auf. Sie haben oft spezifische Interessen, gute Ortskenntnis und eigene

Netzwerke.

- **Andere politische Akteure**: Pflege einen (zumindest respektvollen) Kontakt zu anderen Rats- oder Kreistagsmitgliedern, auch aus anderen Fraktionen/Gruppen. Manchmal gibt es gemeinsame Schnittmengen. Sprich auch mit Sachkundigen Bürgern.

- **Die Verwaltung**: Ein professioneller und sachlicher Draht zu den zuständigen Mitarbeiterinnen und Mitarbeitern in der Verwaltung ist Gold wert. Sie verfügen über Detailwissen und sind für die Umsetzung von Beschlüssen verantwortlich.

- **Lokale Medien**: Gute Kontakte zu Journalistinnen und Journalisten helfen, deine Themen in die Öffentlichkeit zu bringen (siehe Abschnitt Öffentlichkeitsarbeit).

Wie netzwerken?

Sei präsent bei lokalen Veranstaltungen, engagiere dich in Vereinen, sei offen und ansprechbar, höre gut zu, biete selbst Hilfe an und sei verlässlich.

Ressourcen erkennen und nutzen: Mehr als nur Geld

Politische Arbeit braucht Ressourcen. Damit ist aber nicht nur Geld gemeint!

- **Wissen und Informationen**: Dein eigenes Wissen, das Wissen aus deinem Netzwerk (siehe oben!), Informationen aus dem RIS, aus Studien, von Verbänden oder Stiftungen. Nutze auch das Recht auf Informationszugang (IFG).

- **Menschliche Ressourcen (Zeit & Fähigkeiten)**: Die

wichtigste Ressource ist oft die Zeit und die Tatkraft von engagierten Menschen! Wer kann helfen, Flyer zu verteilen? Wer kann gut organisieren? Wer hat vielleicht spezielle Fähigkeiten (Grafikdesign, juristisches Wissen, Social-Media-Kenntnisse)? Mobilisiere Unterstützer!

- **Finanzielle Ressourcen**: Natürlich spielt auch Geld eine Rolle – für Druckkosten, Raummieten, etc. Mögliche Quellen: Eigene Mittel, Spenden (Achtung: Transparenzregeln beachten!), Fraktionsmittel (falls du einer Fraktion angehörst – Verwendung prüfen!), eventuell lokale Fördertöpfe oder Stiftungen für bestimmte Projekte (erfordert Recherche). Da Geld oft knapp ist, ist der kluge Einsatz umso wichtiger.

- **Infrastruktur:** Gibt es Räume, die du für Treffen nutzen kannst (Gemeindezentrum, Vereinsheim, Parteibüro)? Hast du Zugang zu Drucker, Kopierer, Beamer? Kannst du Kommunikationskanäle von Verbündeten mitnutzen (z.B. Erwähnung im Newsletter eines Vereins)?

Ressourcen bündeln: Der Schlüssel liegt oft darin, verschiedene Ressourcen intelligent zu kombinieren. Fehlendes Geld kann manchmal durch mehr ehrenamtliche Arbeit oder cleveres Netzwerken (Zugang zu kostenlosen Räumen oder Expertise) ausgeglichen werden.

Fazit:

Erfolgreiche Kommunalpolitik ist fast immer Teamarbeit. Baue aktiv dein Netzwerk auf, sprich Menschen an und suche nach Verbündeten. Lerne, die verschiedenen verfügbaren Ressourcen – insbesondere Wissen, Zeit und die Fähigkeiten anderer Menschen – zu erkennen, zu mobilisieren und effektiv für deine politischen Ziele einzusetzen. Allein stößt man schnell an Grenzen, gemeinsam lässt sich oft viel mehr bewegen!

Mitstreiter vor Ort finden: Gemeinsam für die Sache

Du hast ein Thema, das dich bewegt, du hast dich informiert – doch allein etwas zu bewegen, ist oft mühsam und frustrierend. Wie im vorigen Abschnitt über Netzwerken schon angeklungen ist: Gemeinsam ist man stärker! Aber wie findest du nun ganz konkret Menschen in deiner Gemeinde, deiner Stadt oder deinem Kreis, die deine Anliegen teilen und bereit sind, sich mit dir zusammen zu engagieren – deine Mitstreiterinnen und Mitstreiter?

Wo suchen? Online und Offline

- **Bestehende Kontakte aktivieren**: Dein erstes Suchfeld sind natürlich die Menschen, die du bereits kennst oder über dein allgemeines Networking getroffen hast: Nachbarn, Freunde, Kollegen, Leute aus Vereinen. Sprich sie gezielt auf dein Thema an: "Du, ich ärgere mich über X / Ich würde gerne Y erreichen – wie siehst du das? Hättest du Lust, da was gemeinsam zu machen?"

- **Online suchen – mit Bedacht**: Plattformen nutzen: Soziale Netzwerke (gerade lokale Facebook-Gruppen, Nachbarschafts-Apps), Foren oder Mailinglisten können gute Orte sein, um Gleichgesinnte zu finden, die sich für ähnliche Themen interessieren. Du kannst dort dein Anliegen posten oder auf Beiträge anderer reagieren.

- **Die Region muss passen!** Das ist der entscheidende Punkt bei der Online-Suche: Es nützt dir wenig, wenn jemand aus Hamburg deine Idee für eine bayrische Landgemeinde super findet. Achte darauf, gezielt in lokalen Gruppen zu suchen und klarzumachen, dass es um Engagement vor Ort geht. Online-Interesse muss sich in reale, lokale Handlungsbereitschaft übersetzen lassen.

- **Offline suchen** – Präsenz zeigen: Veranstaltungen:

Besuche nicht nur Ratssitzungen, sondern auch Bürgerversammlungen, Stadtteilfeste, Vereinsfeiern, Märkte. Komm mit Leuten ins Gespräch, höre zu, was sie bewegt.

- **Bestehende Initiativen**: Gibt es vielleicht schon eine Bürgerinitiative (BI), die sich mit deinem Thema oder einem verwandten Bereich beschäftigt? Klink dich dort ein – oft ist es einfacher, eine bestehende Gruppe zu unterstützen, als eine neue zu gründen.

- **Aushänge**: Manchmal hilft auch ein klassischer Aushang am "Schwarzen Brett" im Supermarkt, in der Bücherei oder im Gemeindezentrum: "Wer ärgert sich auch über...? Wer hat Lust, sich für... einzusetzen? Treffen am...".

Ein Treffpunkt für Gleichgesinnte: Der Stammtisch

Eine sehr gute Methode, um interessierte Menschen unverbindlich zusammenzubringen und potenzielle Mitstreiter kennenzulernen, ist die Organisation eines regelmäßigen Stammtisches.

- **Die Idee**: Ein offenes, informelles Treffen an einem festen Ort (z.B. Nebenraum einer Gaststätte, Café, Vereinsheim) zu einem festen Termin (z.B. jeden ersten Dienstag im Monat).

- **Der Zweck**: In lockerer Atmosphäre können sich Interessierte kennenlernen, über aktuelle kommunalpolitische Themen austauschen, Ideen spinnen und vielleicht erste gemeinsame Aktionen planen. Die Hemmschwelle zur Teilnahme ist niedrig.

- **Wichtig: Regelmäßig ankündigen!** Damit der Stammtisch bekannt wird und Leute kommen, musst du ihn konsequent und regelmäßig ankündigen. Nutze dafür verschiedene Kanäle:
Poste die Termine in relevanten lokalen Online-Gruppen.

Erstelle vielleicht eine eigene E-Mail-Liste oder Social-Media-Gruppe für den Stammtisch.
Hänge kleine Plakate oder Zettel an geeigneten Orten aus.
Bitte die Lokalpresse oder das Amtsblatt, die Termine im Veranstaltungskalender zu veröffentlichen.
Erzähle persönlich davon und lade Leute direkt ein. Kündige Datum, Uhrzeit, Ort und vielleicht auch ein Schwerpunktthema für den jeweiligen Abend an.

Vom Interesse zur Aktion:

Wenn du Menschen gefunden hast, die dein Anliegen teilen, ist der nächste Schritt, dieses gemeinsame Interesse in konkretes Handeln umzusetzen. Überlegt gemeinsam: Was sind die nächsten Schritte? Wer kann welche Aufgabe übernehmen? Wie organisieren wir uns?

Teil 5: Praxis-Workshop – Dein Fahrplan zum Mitmachen

Herzlichen Glückwunsch! Du hast dich jetzt durch die Grundlagen der Kommunalpolitik gekämpft (Teil 1), die Instrumente kennengelernt, die dir als Bürgerin oder Bürger zur Verfügung stehen (Teil 2), verstanden, wie man in formale Ämter kommt und wie die organisierte Politik funktioniert (Teil 3), und dir einen Überblick über das praktische Handwerkszeug verschafft (Teil 4).

Du bist also gut gerüstet! Aber Theorie ist das eine – die Praxis das andere. Wie fängst du nun ganz konkret an? Wie setzt du das Gelernte Schritt für Schritt um, wenn du ein bestimmtes Anliegen hast oder einfach mal ausprobieren möchtest, wie es ist, sich politisch einzumischen?

Genau dafür ist dieser fünfte Teil gedacht: als dein persönlicher Praxis-Workshop, dein Fahrplan zum Mitmachen. Hier wollen wir das Wissen und die Werkzeuge aus den vorigen Teilen zusammenführen und dich beispielhaft durch einen typischen Ablauf einer politischen Initiative begleiten – von der ersten Idee bis zur konkreten Aktion und vielleicht sogar darüber hinaus.

Ein Fahrplan, keine Zwangsjacke

Wir skizzieren hier einen möglichen Weg mit verschiedenen Stationen. Sieh diesen Fahrplan als Anregung und Orientierungshilfe, nicht als starres Korsett. Je nachdem, womit du startest – hast du schon ein klares Anliegen oder willst du dich erstmal nur umschauen? – kann die Reihenfolge der Schritte variieren oder du steigst mittendrin ein. Das ist völlig in Ordnung!

Vom Wissen zum Handeln

In diesem Workshop geht es darum, die Theorie in die Praxis zu übersetzen. Wir wenden die Instrumente und Fähigkeiten an, über die wir gesprochen haben:

- Themen finden und bewerten
- Informationen aus dem RIS nutzen
- Sitzungen beobachten
- Fragen formulieren
- Anregungen schreiben
- Öffentlichkeitsarbeit planen
- Mitstreiter suchen
- Ressourcen prüfen

Dieser Teil soll dich ermutigen und befähigen, den ersten Schritt zu wagen und deine eigene kleine (oder größere) politische Reise zu beginnen. Er soll dir zeigen, dass du mit dem Rüstzeug aus diesem Buch tatsächlich etwas bewegen kannst.
Lass uns also starten! Der erste Schritt auf unserem Fahrplan ist entweder, sich einen Überblick über das aktuelle politische Geschehen zu verschaffen oder ein persönliches Anliegen als Ausgangspunkt zu nehmen. Beginnen wir damit, wie du herausfindest, was gerade läuft...

Okay, legen wir los mit dem ersten Schritt deines persönlichen Fahrplans:

Schritt 1: Interesse wecken / Thema finden – Worum soll es gehen?

Am Anfang jeder politischen Aktion steht ein Anliegen, ein Problem, eine Idee – kurz: ein Thema. Ohne ein konkretes Thema kannst du nur schwer aktiv werden. Aber wie findest du "dein" Thema, wenn du dich engagieren möchtest? Grundsätzlich gibt es zwei Wege, wie du zu deinem Ausgangspunkt kommst:

Weg A: Du hast schon ein konkretes Anliegen.

Das ist oft der direkteste und motivierendste Einstieg. Du ärgerst dich schon lange über etwas Bestimmtes in deiner Gemeinde oder deinem Kreis, du hast eine konkrete Idee zur Verbesserung, oder ein geplantes Projekt betrifft dich direkt:

- Der Gehweg vor deiner Haustür ist eine Stolperfalle.
- Der Spielplatz im Viertel ist veraltet und gefährlich.
- Dein Kind bekommt keinen Kita-Platz.
- Nebenan soll ein neues Baugebiet entstehen, und du hast Fragen oder Bedenken.
- Du findest, es gibt zu wenig kulturelle Angebote für Jugendliche.

Wenn du schon ein solches persönliches Anliegen hast – perfekt! Das ist dein Startpunkt. Dein nächster Schritt wäre dann, gezielt Informationen genau zu diesem Thema zu sammeln (siehe Schritt 2).

Weg B: Du möchtest dich engagieren, weißt aber noch nicht genau, womit.

Vielleicht möchtest du dich grundsätzlich mehr einbringen, die lokale Politik besser verstehen und mitgestalten, hast aber noch kein spezifisches Herzensthema. Auch das ist ein völlig legitimer Ausgangspunkt! Dein erster Schritt ist dann, dich aktiv auf Themensuche zu begeben und dein Interesse zu wecken:

- **Werde zum Beobachter**: Besuche Sitzungen: Geh zu einer öffentlichen Sitzung des Rates/Kreistages oder eines Ausschusses, der dich thematisch interessieren könnte (z.B. Umwelt, Soziales, Planung). Höre einfach nur zu: Worüber wird diskutiert? Wo gibt es unterschiedliche Meinungen? Was scheint den Leuten wichtig zu sein?

- **Lies die Lokalpresse**: Verfolge die Berichterstattung über lokale Politik. Welche Themen tauchen immer wieder auf? Wo gibt es Debatten?

- **Nutze das Ratsinformationssystem** (RIS) aktiv zur

Themensuche und um den Sitzungskalender zu checken:
Wann tagen welche Gremien?
Tagesordnungen durchgehen: Überfliege die
Tagesordnungen der kommenden Sitzungen. Gibt es
Punkte, die dein Interesse wecken? Wo denkst du: "Da
müsste man doch mal genauer hinschauen!"?

- **Sprich mit Menschen:** Frage in deinem Umfeld (Nachbarn,
Freunde, Vereine): "Was sind aus eurer Sicht gerade die
wichtigsten Themen hier bei uns?" Besuche einen (vielleicht
von dir initiierten?) Stammtisch und höre dich um.

Ziel dieses ersten Schrittes (egal ob Weg A oder B):

Am Ende dieses Schrittes solltest du ein konkretes Thema oder
Anliegen identifiziert haben, mit dem du dich in den nächsten
Schritten dieses Praxis-Workshops näher beschäftigen möchtest.
Konzentriere dich dabei ruhig auf ein Thema, das dich wirklich
interessiert oder betrifft. Du musst nicht versuchen, die ganze Welt
auf einmal zu retten!
Ob du also mit einem festen Anliegen startest oder dich erst einmal
umschaust – entscheidend ist, dass du einen Fokus für dein weiteres
Vorgehen findest.

Schritt 2: Informieren – Einladungen und Unterlagen durchstöbern

Egal, ob du mit einem festen Anliegen gestartet bist (Weg A) oder
durch Beobachtung und Recherche ein interessantes Thema
gefunden hast (Weg B) – der nächste entscheidende Schritt ist die
detaillierte Informationsbeschaffung. Du musst herausfinden, was
genau geplant ist, was bisher dazu entschieden wurde und welche
Argumente im Raum stehen. Wo findest du diese Infos?

Hauptquelle: Das Ratsinformationssystem (RIS)

Wie schon in Teil 1 und 4 besprochen, ist das

Ratsinformationssystem (RIS) oder Bürgerinformationssystem (BIS) auf der Webseite deiner Kommune oder deines Kreises die zentrale Anlaufstelle. Hier musst du jetzt gezielt nach deinem Thema suchen:

- **Suche nutzen**: Gib Stichwörter zu deinem Thema in die Suchfunktion des RIS ein.

- **Gremien durchsuchen**: Überlege, welcher Fachausschuss für dein Thema zuständig ist (z.b. Planungsausschuss bei Bauprojekten, Schulausschuss bei Kitaplätzen) und schaue dir die Tagesordnungen und Protokolle dieses Ausschusses sowie des Rates/Kreistages der letzten Monate (oder auch länger zurückliegend) an.

- **Kalender prüfen**: Schau im Sitzungskalender nach, ob dein Thema demnächst wieder auf der Tagesordnung steht.

Wonach genau suchst du?

Konzentriere dich auf folgende Dokumente zu deinem spezifischen Thema:

- **Einladungen und Tagesordnungen** (TO): Sie zeigen dir, wann und wo das Thema auf der offiziellen Agenda stand oder stehen wird und unter welchem Tagesordnungspunkt (TOP) es behandelt wurde/wird.

- **Die Vorlage(n)**: Das ist das wichtigste Dokument! Suche alle Verwaltungsvorlagen, die zu deinem Thema erstellt wurden (oft gibt es im Laufe der Zeit mehrere zu einem Projekt). Lade sie herunter oder speichere sie dir ab.

- **Die Anlagen**: Achte darauf, welche Anlagen (Gutachten, Pläne, Stellungnahmen, Verträge etc.) in der Vorlage erwähnt werden und ob diese ebenfalls im RIS verfügbar sind. Lade die relevanten Anlagen herunter.

- **Die Protokolle (Niederschriften)**: Suche nach den

Protokollen der Sitzungen, in denen dein Thema behandelt wurde. Hier siehst du (mal mehr, mal weniger detailliert), wie diskutiert wurde, welche Anträge gestellt wurden und vor allem: wie abgestimmt wurde! Aber wundere Dich nicht: Oft dauert es mehrere Wochen bis die Niederschriften zu Sitzungen vorliegen (ein weiteres Argument die Sitzungen persönlich zu besuchen).

Wie gehst du die Unterlagen durch? (Erinnerung an Teil 4)

Jetzt kommt das Handwerkszeug aus Teil 4 zum Einsatz:

- **Systematisch vorgehen**: Lege dir vielleicht einen digitalen Ordner für dein Thema an und sammle dort alle gefundenen Dokumente.

- **Vorlagen im Fokus**: Konzentriere dich auf die Vorlage(n). **Lies sie sorgfältig**:
  Was ist laut Verwaltung das Problem/Ziel?
  Was genau schlägt die Verwaltung zur Entscheidung vor (Beschlussvorschlag)?
  Mit welchen Argumenten wird der Vorschlag begründet?
  Werden Alternativen genannt und bewertet?
  Welche Kosten oder anderen Auswirkungen werden erwartet?
  Anlagen prüfen: Wirf einen Blick in die relevanten Anlagen. Bestätigen die Gutachten die Aussagen in der Vorlage? Gibt es kritische Hinweise in den Stellungnahmen anderer Behörden?

- **Protokolle verstehen**: Verfolge die Debatte in den Protokollen. Gab es Änderungsanträge? Wurden Bedenken geäußert? Wie war das Abstimmungsergebnis?

Ziel dieses Schrittes:

Nachdem du die relevanten Unterlagen durchgearbeitet hast, solltest du ein klares Bild von der offiziellen Sachlage haben. Du kennst den Vorschlag der Verwaltung, die Hauptargumente, die bisherige Diskussion und die getroffenen Entscheidungen. Du weißt, worauf sich die Politik bei ihrer Entscheidung stützt. Dieses Wissen ist die unerlässliche Grundlage für alle weiteren Schritte – egal ob du eine Sitzung besuchen, Fragen stellen oder eine eigene Stellungnahme formulieren willst.

Sei dir bewusst: Dieser Schritt kann zeitaufwändig sein, besonders wenn ein Thema schon eine längere Vorgeschichte hat. Aber diese gründliche Recherche ist essenziell, um fundiert agieren zu können!

Vergiss neben der reinen Dokumentenanalyse nicht die Hinweise zum Netzwerken aus Teil 4! Wenn nach dem Lesen der Unterlagen noch Fragen offen sind oder du etwas nicht verstehst: Scheue dich nicht, direkt nachzufragen! Kontaktiere die in der Vorlage genannten Ansprechpartner in der Verwaltung oder auch Rats- bzw. Kreistagsmitglieder, die sich mit dem Thema auskennen – per E-Mail oder auch mal telefonisch. Viele Verantwortliche sind durchaus bereit, dir sachliche Fragen zu beantworten, wenn du freundlich und konkret auftrittst. Tatsächlich freuen sich viele in Politik und Verwaltung sogar über sachkundiges Interesse aus der Bürgerschaft, denn oft haben sie eher den Eindruck, dass sich zu wenige Menschen aktiv für die Belange ihrer Kommune interessieren. Also, nur Mut zum direkten Kontakt – er kann oft Unklarheiten schnell beseitigen und dir wertvolle zusätzliche Einblicke verschaffen!

Schritt 3: Beobachten – Eine passende Rats- oder Ausschusssitzung besuchen (Theorie vs. Praxis)

Du hast nun dein Thema identifiziert (Schritt 1) und dich mit den offiziellen Unterlagen dazu vertraut gemacht (Schritt 2). Du kennst also die "Theorie" – das, was auf dem Papier steht. Der nächste logische und sehr aufschlussreiche Schritt ist es, die "Praxis" live zu erleben: Besuche eine öffentliche Sitzung, in der dein Thema behandelt wird!

Warum ist der Sitzungsbesuch so wichtig?

- **Realitätscheck (Theorie vs. Praxis)**: Hier siehst du, wie die auf dem Papier oft so geordnet wirkenden Vorlagen und Anträge tatsächlich diskutiert werden. Entspricht die Debatte dem, was du erwartet hast? Werden die Argumente aus der Vorlage wiederholt oder kommen ganz neue Aspekte auf? Wie formal oder informell läuft es ab?

- **Dynamik verstehen**: Du erlebst die Interaktion zwischen den Rats- oder Kreistagsmitgliedern, zwischen Politik und Verwaltung. Wie ist die Stimmung? Eher konsensorientiert oder konfrontativ? Wer ergreift oft das Wort? Wie leitet der oder die Vorsitzende (Bürgermeister, Landrat, Ausschussvorsitzender) die Sitzung?

- **Argumente live hören**: Oft werden Argumente mündlich anders oder pointierter vorgetragen als im schriftlichen Antrag. Du hörst vielleicht Zwischentöne oder emotionale Appelle, die im Protokoll später nicht auftauchen.

- **Schlüsselpersonen erkennen**: Du bekommst ein Gefühl dafür, wer sich bei deinem Thema besonders engagiert, wer als Meinungsführer auftritt oder wer vielleicht noch überzeugt werden muss.

- **Atmosphäre spüren**: Jedes Gremium hat seine eigene Kultur. Der Sitzungsbesuch gibt dir ein Gefühl für die ungeschriebenen Regeln und die Art und Weise, wie dort Politik gemacht wird.

Welche Sitzung ist die richtige?

- **Themenbezug**: Suche im RIS oder in den amtlichen Bekanntmachungen gezielt nach einer Sitzung (Rat/Kreistag oder Fachausschuss), bei der dein Thema auf der Tagesordnung steht.

- **Ausschuss oft aufschlussreicher**: Gerade bei komplexeren Sachthemen findet die detailliertere inhaltliche Debatte oft schon im zuständigen Fachausschuss statt. Der Besuch einer solchen Ausschusssitzung kann dir tiefere Einblicke geben als die oft formellere Abschlussdebatte im großen Rat oder Kreistag.

- **Termin & Ort**: Notiere dir Datum, Uhrzeit und Ort (meist im Rathaus/Kreishaus) und plane, vielleicht ein paar Minuten früher da zu sein.

Tipps für die Beobachtung:

- **Unterlagen mitbringen**: Nimm die Tagesordnung und die relevanten Vorlagen zu deinem Thema mit (digital auf dem Tablet oder ausgedruckt), um der Diskussion besser folgen zu können.

- **Aktiv zuhören**: Konzentriere dich auf die Debatte zu deinem Tagesordnungspunkt. Wer sagt was? Welche Argumente werden ausgetauscht? Gibt es überraschende Wendungen oder neue Informationen? Mach dir Notizen!

- **Auch auf Zwischentöne achten**: Körpersprache, Tonfall, Reaktionen im Raum können manchmal genauso viel verraten wie das gesprochene Wort.

- **Respektvoll auftreten**: Du bist Gast. Schalte dein Handy lautlos, vermeide Gespräche während der Debatte und halte dich an eventuelle Hausregeln für Besucher.

- **Realistische Erwartungen**: Nicht jede Sitzung ist ein spannender Polit-Krimi. Oft geht es auch um technische Details, Formalitäten oder es herrscht breiter Konsens. Auch das ist ein Teil der kommunalpolitischen Realität.

- **Ein wichtiger Hinweis**: Politische Statements auf Kleidung (wie T-Shirts oder Anstecker) oder anderen mitgebrachten Gegenständen sind im Sitzungssaal üblicherweise untersagt. Auch wenn diese Regel nicht überall gleich streng gehandhabt wird, solltest du dich aus Respekt vor dem Gremium und um mögliche Probleme zu vermeiden, daran halten und neutrale Kleidung wählen.

Nach der Sitzung:

Nimm dir kurz Zeit zur Reflexion:

- Hat die Diskussion deine Sicht auf das Thema verändert?

- Gab es Argumente oder Informationen, die dir neu waren?

- Wie wirkten die verschiedenen Akteure auf dich?

- Bestätigt oder widerlegt die Beobachtung das, was du aus den Unterlagen geschlossen hast? Diese Erkenntnisse sind wertvoll für deine nächsten Schritte.

- Hast Du vielleicht neue Kontakte herstellen können?

Wir halten fest:

Der Besuch einer relevanten Sitzung ist ein unverzichtbarer Schritt, um ein realistisches Bild von der Kommunalpolitik zu bekommen, das weit über das reine Aktenstudium hinausgeht. Du erlebst die handelnden Personen, die Dynamik und die Atmosphäre live. Nutze diese Möglichkeit der Öffentlichkeit – sie ist ein Kernstück unserer lokalen Demokratie! Wenn es deine Zeit erlaubt, versuche vielleicht sogar, regelmäßig Sitzungen zu besuchen, um ein noch besseres Gespür zu entwickeln.

Schritt 4: Aktiv werden – Fragen stellen oder Anregungen einbringen

Du hast dein Thema gefunden (Schritt 1), dich gründlich in die Unterlagen eingelesen (Schritt 2) und vielleicht sogar eine Sitzung besucht, um die Diskussion live zu erleben (Schritt 3). Du hast jetzt also ein fundiertes Bild von der Lage. Nun ist es an der Zeit, aus der Rolle des Beobachters herauszutreten und selbst aktiv zu werden! Aber wie?

Es gibt verschiedene Möglichkeiten, wie du jetzt auf Basis deines Wissens und deiner Beobachtungen handeln kannst. Für den Anfang konzentrieren wir uns auf zwei grundlegende Instrumente, die dir als Bürgerin oder Bürger zur Verfügung stehen (siehe Teil 2):

Option A: Fragen stellen

Wenn dir nach deiner Recherche und dem Sitzungsbesuch noch Dinge unklar sind, wenn du Widersprüche entdeckt hast oder wenn du einfach auf ein bestimmtes Problem aufmerksam machen möchtest, ist das Stellen von Fragen oft der richtige erste Schritt.

Möglichkeiten:

Informelle Anfrage:

Bei reinen Sachfragen kannst du dich direkt an die zuständige Stelle in der Verwaltung wenden (per E-Mail oder Telefon).

Einwohnerfragestunde:

Wenn es in deiner Kommune eine gibt und dein Thema passt, ist dies eine gute Gelegenheit, deine Frage öffentlich an die Verwaltungsspitze oder die Politik zu richten. Hier kannst du auf Punkte aus der beobachteten Sitzung Bezug nehmen oder um Klärung bitten.

Wichtig: Regeln prüfen! Bevor du Fragen in der Einwohnerfragestunde stellst: Informiere dich unbedingt über die lokalen Regeln! Wie in Teil 2 beschrieben, ist das Verfahren (Anmeldung nötig? Welche Fragen sind erlaubt? Wie viele Fragen?) in jeder Kommune anders und in der Hauptsatzung oder Geschäftsordnung festgelegt. Deine Frage muss den Regeln entsprechen, sonst wird sie vielleicht nicht zugelassen.

Formulierung: Formuliere deine Frage(n) klar, präzise und sachlich. Beziehe dich auf konkrete Punkte aus den Unterlagen oder der Sitzung.

Option B: Eine Anregung oder Beschwerde einreichen

Wenn du nicht nur Fragen hast, sondern einen konkreten Verbesserungsvorschlag, eine Idee oder eine Beschwerde zu deinem Thema vorbringen möchtest, ist eine formelle Anregung (oder Beschwerde) nach der Kommunalverfassung deines Bundeslandes das passende Instrument (siehe Teil 2 und das Praxisbeispiel zur Hundewiese).

Wann sinnvoll? Immer dann, wenn du möchtest, dass sich die Verwaltung und die politischen Gremien offiziell mit deinem Vorschlag oder deiner Kritik auseinandersetzen müssen.

Wie? Verfasse ein Schreiben (Brief oder E-Mail) an die Verwaltung (Bürgermeister / Landrat). Beschreibe klar dein Anliegen, begründe es (gerne mit Verweis auf deine Recherchen aus Schritt 2 und Beobachtungen aus Schritt 3) und formuliere einen konkreten Vorschlag oder eine Bitte.

Welche Aktion wählen?

Überlege dir, was du mit deinem ersten Schritt erreichen willst. Geht es dir primär um Klärung und das Aufwerfen von Fragen? Dann ist Option A gut. Hast du schon einen konkreten Vorschlag? Dann ist Option B besser geeignet. Für den Anfang sind dies oft die niedrigschwelligsten und direktesten Wege, um aktiv zu werden.

(**Ausblick**: Bei größeren, komplexeren Themen oder wenn du mehr Druck aufbauen willst, wären die nächsten Schritte vielleicht, gezielt Mitstreiter zu suchen (siehe Teil 4) und eine Bürgerinitiative zu gründen oder fortgeschrittenere Instrumente wie einen Einwohnerantrag oder ein Bürgerbegehren zu prüfen – diese erfordern aber meist deutlich mehr Aufwand und Organisation.)

Der entscheidende Punkt: Tun!

Egal, für welche Option du dich entscheidest: Der wichtigste Teil dieses Schrittes ist, es tatsächlich zu tun! Formuliere deine Frage und stelle sie. Schreibe deine Anregung und schicke sie ab. Überwinde die vielleicht vorhandene Scheu. Das ist der Moment, in dem du vom passiven Beobachter zum aktiven Teilnehmer wirst.

Es bleibt festzuhalten:

Schritt 4 ist der Übergang ins Handeln. Wähle das passende Werkzeug (Frage oder Anregung), formuliere dein Anliegen klar und sachlich, prüfe vorher unbedingt die lokalen Spielregeln (vor allem bei der Einwohnerfragestunde!) und werde aktiv. Dein Engagement beginnt jetzt!

Schritt 5: Dranbleiben und Öffentlichkeitsarbeit – Damit dein Anliegen nicht versandet

Du hast den ersten Schritt ins aktive Handeln gewagt – deine Frage in der Einwohnerfragestunde gestellt oder deine Anregung bei der Verwaltung eingereicht (Schritt 4). Super! Aber damit ist die Arbeit meist noch nicht getan. Jetzt heißt es: Dranbleiben! Und je nach Thema kann es auch sehr sinnvoll sein, Öffentlichkeit herzustellen, um deinem Anliegen mehr Gewicht zu verleihen.

1. Dranbleiben: Den Vorgang im Blick behalten

Eine Frage wird vielleicht direkt beantwortet, aber eine Anregung oder Beschwerde durchläuft einen Prozess (wie in Teil 2 beschrieben). Damit dein Anliegen nicht im Verwaltungsapparat oder den politischen Mühlen untergeht, ist es wichtig, den Fortgang zu verfolgen:

* **Eingangsbestätigung**: Hast du eine Bestätigung erhalten, dass deine Anregung eingegangen ist? Wenn nicht, frage nach ein paar Tagen höflich nach.

* **Ratsinformationssystem (RIS) nutzen**: Behalte die Tagesordnungen der relevanten Gremien im Auge. Deine Anregung landet vielleicht zuerst im Hauptausschuss oder einem speziellen Anregungs-/Beschwerdeausschuss und wird von dort an den zuständigen Fachausschuss verwiesen. Suche nach deinem Thema oder einer entsprechenden Vorgangsnummer.

* **Protokolle lesen**: Schau in die Protokolle der Sitzungen, ob deine Eingabe erwähnt wurde (z.B. unter "Eingänge" oder als Verweisungsbeschluss).

* **Nachfragen (mit Geduld)**: Kommunale Prozesse brauchen Zeit. Sitzungen finden oft nur alle paar Wochen oder Monate statt. Wenn aber nach einer angemessenen Zeit (z.B. nach der nächsten oder übernächsten Sitzungsrunde des zuständigen Ausschusses) nichts zu passieren scheint, frage höflich bei der Verwaltung (z.B. im Bürgermeister- oder

Landratsbüro oder beim zuständigen Fachamt) nach dem Bearbeitungsstand.

- **Sitzungen besuchen**: Wenn dein Thema dann tatsächlich auf einer Tagesordnung auftaucht – sei dabei! Beobachte die Diskussion (siehe Schritt 3).

Warum ist Dranbleiben wichtig? Es zeigt, dass dir das Thema weiterhin am Herzen liegt und verhindert, dass es sang- und klanglos "versandet". Deine Nachfragen halten das Thema präsent.

2. Öffentlichkeitsarbeit: Aufmerksamkeit für dein Anliegen (Optional, aber oft hilfreich)

Nicht jedes kleine Anliegen braucht eine große PR-Kampagne. Aber gerade bei Themen, die mehrere Bürger betreffen oder bei denen du auf Widerstände stößt, kann gezielte Öffentlichkeitsarbeit sehr wirkungsvoll sein:

Warum Öffentlichkeit?

- **Informieren**: Andere Betroffene oder Interessierte erfahren von dem Thema und deiner Initiative.

- **Unterstützung finden**: Du kannst Mitstreiter gewinnen (siehe Teil 4) oder Sympathien wecken.

- **Druck aufbauen**: Öffentliche Aufmerksamkeit kann den Druck auf Politik und Verwaltung erhöhen, sich mit dem Thema ernsthaft auseinanderzusetzen.

- **Debatte anstoßen**: Du bringst das Thema in die lokale Diskussion.

Wie kannst du Öffentlichkeit herstellen? (Werkzeuge aus Teil 4 anwenden):

- **Im Kleinen anfangen**: Erzähle in deinem Netzwerk, bei Nachbarn, in Vereinen von deinem Anliegen und deiner Aktion.

- **Soziale Medien nutzen**: Poste über deine Anregung oder die Antwort auf deine Frage in lokalen Online-Gruppen. Berichte über den Fortgang. Diskutiere mit anderen.

- **Lokale Presse einbinden**: Schreibe einen Leserbrief zu deinem Thema. Bei größerer Relevanz: Verfasse eine Pressemitteilung über deine Initiative oder deine Forderungen.

- **Materialien erstellen**: Gestalte vielleicht einen einfachen Flyer, der das Problem erklärt und zu Unterstützung aufruft.

- **Verbündete suchen**: Sprich gezielt lokale Gruppen oder Vereine an, die ähnliche Interessen haben könnten.

- **Veranstaltung (für Fortgeschrittene)**: Bei großen Themen kann auch ein eigener Infoabend oder eine Diskussionsrunde sinnvoll sein.

Wähle die Mittel, die zum Thema und zu deinen Ressourcen passen. Manchmal reicht schon ein gut platzierter Post in einer lokalen Facebook-Gruppe, um eine Debatte auszulösen.

Fazit:

Nachdem du aktiv geworden bist, ist es entscheidend, am Ball zu bleiben und den weiteren Weg deines Anliegens zu verfolgen. Öffentlichkeitsarbeit kann dabei ein mächtiges Werkzeug sein, um Unterstützung zu finden und den nötigen Nachdruck zu erzeugen.

Beides erfordert Geduld und Hartnäckigkeit, aber es lohnt sich oft, um sicherzustellen, dass deine Stimme gehört wird und dein Engagement Früchte trägt.

Schritt 6: Organisation und Finanzierung – Wie geht es weiter?

Du hast dein Thema gefunden, dich informiert, die Abläufe beobachtet, erste Aktionen gestartet und vielleicht schon Öffentlichkeit hergestellt und den Fortgang verfolgt. Super! Aber was, wenn dein Anliegen mehr Zeit, mehr Leute oder auch finanzielle Mittel erfordert? Was, wenn aus einer einzelnen Aktion ein längerfristiges Engagement werden soll? Dann stellt sich die Frage nach der richtigen Organisation und der Finanzierung.

Die Organisationsfrage: Alleine, mit anderen, mit oder ohne Partei?

Je nachdem, wie umfangreich dein Thema ist und was du erreichen willst, musst du überlegen, wie du dich organisierst:

- **Alleine weitermachen?** Für kleinere Anliegen oder einmalige Aktionen mag das funktionieren. Aber auf Dauer stößt man als Einzelkämpfer schnell an Grenzen – zeitlich, inhaltlich und was die Wirkung angeht.

- **Mit anderen zusammenarbeiten:** Wie wir in Teil 4 besprochen haben, ist das fast immer der effektivere Weg. Wenn du in Schritt 5 Mitstreiter gefunden hast, stellt sich nun die Frage: Wie arbeitet ihr zusammen?

- Mit oder ohne Partei? Jetzt kann die strategische Entscheidung anstehen:
  Kooperation mit einer Partei/Fraktion: Sucht ihr die Nähe zu einer Partei oder Fraktion im Rat/Kreistag, die euer Anliegen teilt? Das kann Vorteile bringen (Zugang zu

Ressourcen, politisches Gewicht, etablierte Strukturen). Der Nachteil: Ihr müsst euch möglicherweise stärker an deren Linie orientieren oder Kompromisse eingehen.

- **Als unabhängige Gruppe weitermachen**: Ihr wollt eure Unabhängigkeit bewahren und als Bürgerinitiative oder Interessengruppe agieren. Vorteil: Ihr seid flexibel und nur eurem Thema verpflichtet. Nachteil: Ihr müsst euch selbst organisieren und finanzieren.

Die Ressourcenfrage: Wie finanziert sich Engagement ohne Partei?

Gerade wenn ihr euch entscheidet, unabhängig von etablierten Parteien zu agieren, stellt sich oft die Frage nach der Finanzierung. Denn ihr habt keinen automatischen Zugriff auf Fraktionsmittel oder Parteispenden. Was also tun, wenn ihr Geld für Flyer, Raummieten, eine Webseite oder vielleicht sogar ein Gutachten braucht?

Mögliche Finanzierungsquellen:

- **Eigenmittel und Spenden**: Der naheliegendste Weg sind Beiträge der Mitglieder oder Spenden von Unterstützer. (Wichtig: Bei Spenden auf Transparenz achten!). Online-Crowdfunding kann eine Option sein.

- **Projektförderung**: Für konkrete Projekte könnt ihr versuchen, Fördergelder zu beantragen – bei lokalen Stiftungen, überregionalen Stiftungen (die z.B. Demokratie, Umwelt, Soziales fördern) oder aus Förderprogrammen von Land, Bund oder EU. Das erfordert aber meist einen konkreten Projektplan und einiges an Antragsaufwand.

- **Mitgliedsbeiträge**: Wenn ihr euch formeller organisiert (siehe unten), könnt ihr Mitgliedsbeiträge erheben.

Organisationsformen für unabhängige Gruppen:

Wie ihr euch als Gruppe organisiert, hat auch Einfluss auf die Finanzierungsmöglichkeiten und die Handlungsfähigkeit:

- **Informelle Interessengruppe / Bürgerinitiative (BI)**: Das ist der einfachste Start. Ihr trefft euch, plant Aktionen, sammelt vielleicht in einer Kaffeekasse Geld für kleine Ausgaben. Vorteil: Sehr flexibel, kein bürokratischer Aufwand. Nachteil: Keine eigene Rechtsfähigkeit (kann z.B. keine Verträge schließen, kein eigenes Konto führen – läuft oft über Privatpersonen), schwieriger Zugang zu offiziellen Fördergeldern. Gut für den Anfang oder zeitlich begrenzte Kampagnen.

- **Eingetragener Verein (e.V.)**: Wenn euer Engagement längerfristig angelegt ist, ihr formell auftreten, Spenden sammeln oder Fördergelder beantragen wollt, ist die Gründung eines Vereins oft der nächste Schritt. **Vorteil:** Der e.V. ist eine juristische Person, kann ein eigenes Konto führen, Verträge schließen und ist als Struktur anerkannt. Unter bestimmten Voraussetzungen kann die Gemeinnützigkeit beantragt werden (steuerliche Vorteile, oft Voraussetzung für Fördergelder). **Nachteil:** Gründungsaufwand (mind. 7 Mitglieder, Satzung, Notar, Eintrag ins Vereinsregister beim Amtsgericht), laufende Pflichten (Mitgliederversammlung, Vorstandswahlen, Buchführung).

- **Andere Formen**: (z.B. gGmbH, Stiftung) sind für typische lokale Initiativen meist zu komplex.

Welchen Weg wählen?

Die Entscheidung hängt von euren Zielen, der Dauer eures Engagements und eurer Bereitschaft zur Formalisierung ab. Oft beginnt man als lose Gruppe und überlegt sich später, ob eine Vereinsgründung sinnvoll ist. Wenn ihr euch für die Nähe zu einer Partei entscheidet, klärt die Bedingungen der Zusammenarbeit.

Zusammen gefasst:

Wenn aus einer ersten Aktion ein dauerhaftes Engagement werden soll, müsst ihr euch Gedanken über eure Organisation und Finanzierung machen. Wollt ihr unabhängig bleiben, braucht ihr Wege, um Ressourcen zu mobilisieren – sei es durch Spenden oder die Gründung eines Vereins, um förderfähig zu werden. Diese strategischen Überlegungen sind oft entscheidend dafür, ob eine Initiative langfristig erfolgreich sein kann und markieren den Übergang von der spontanen Aktion zum organisierten politischen Handeln. Damit schließt sich unser Praxis-Workshop.

Schlusswort: Dein Engagement zählt – Bleib neugierig und mach mit!

Herzlichen Glückwunsch! Du hast es geschafft und dich durch die vielfältigen Aspekte der Kommunalpolitik gearbeitet – von den Grundlagen über die Werkzeuge für dein Engagement bis hin zum Weg in politische Ämter und die praktische Arbeit vor Ort. Ich hoffe, dieses Buch konnte dir zeigen: Kommunalpolitik ist zwar manchmal komplex, aber sie ist kein Hexenwerk! Der Einstieg ist möglich, und dein Engagement, egal in welcher Form, ist wertvoll und wichtig für eine lebendige Demokratie in unseren Städten, Gemeinden und Kreisen.

Das wichtigste Ziel dieses Buches war es, dich zu ermutigen und dir das nötige Rüstzeug an die Hand zu geben, damit du dich traust, den ersten oder nächsten Schritt zu tun. Vielleicht beginnst du damit, regelmäßig die Lokalpresse zu lesen und Sitzungen zu besuchen. Vielleicht schreibst du deine erste Anregung oder stellst eine Frage in der Einwohnerfragestunde. Vielleicht suchst du Kontakt zu Gleichgesinnten oder sprichst eine Fraktion an, um als Sachkundiger Bürger mitzuarbeiten. Oder vielleicht denkst du sogar über eine eigene Kandidatur nach. Egal, was dein Weg ist: Jeder Beitrag zählt!

Lernen hört nie auf: Weiterbildung in der Kommunalpolitik

Auch wenn dieses Buch dir hoffentlich eine gute Grundlage gegeben hat – die politische Landschaft verändert sich ständig, neue Herausforderungen kommen hinzu, und man lernt nie aus. Deshalb ist es gut zu wissen, dass es viele Möglichkeiten gibt, dein Wissen weiter zu vertiefen:

Fortbildung innerhalb von Fraktionen:

Wenn du dich einer Fraktion anschließt oder als Sachkundiger Bürger für eine tätig bist, wirst du feststellen, dass Fraktionen oft auch eigene Fortbildungen organisieren oder die Teilnahme an externen Seminaren ermöglichen. Wie wir am Beispiel des NRW-Erlasses zu den Fraktionszuwendungen gesehen haben, ist die Finanzierung von Fortbildungen für Mitglieder und Mitarbeiter ein anerkannter Zweck für die Verwendung von Fraktionsmitteln. Nutze diese Angebote, wenn sie sich dir bieten!

Externe Bildungsangebote:

Darüber hinaus gibt es ein breites Spektrum an Weiterbildungsmöglichkeiten von verschiedenen Trägern:

- **Partei-nahe Einrichtungen**: Die politischen Stiftungen (wie Friedrich-Ebert-Stiftung, Konrad-Adenauer-Stiftung, Heinrich-Böll-Stiftung, Friedrich-Naumann-Stiftung für die Freiheit, Rosa-Luxemburg-Stiftung, Hanns-Seidel-Stiftung etc.) und die Kommunalpolitischen Vereinigungen der Parteien (z.B. SGK, KPV) bieten oft Seminare, Workshops und Publikationen speziell zu kommunalpolitischen Themen an.

- **Partei-ferne / Unabhängige Einrichtungen**: Auch Volkshochschulen (VHS), kommunale Spitzenverbände (Städte- und Gemeindebund, Landkreistag), Akademien oder andere freie Bildungsträger haben immer wieder Kurse im Programm – von Haushaltsrecht über Rhetorik bis hin zu spezifischen Sachthemen.

Bleib neugierig, bilde dich weiter, tausche dich mit anderen aus und lerne aus deinen Erfahrungen – sowohl aus Erfolgen als auch aus Rückschlägen.

Ich hoffe, dieses Buch hat dir Lust gemacht, dich einzumischen und deine Kommune oder deinen Kreis mitzugestalten. Unsere Demokratie lebt vom Mitmachen. Trau dich, sei dabei!

Haftungsausschluss / Disclaimer

Dieses Buch wurde nach bestem Wissen und Gewissen verfasst. Es dient ausschließlich der Information und stellt keine Rechtsberatung im Einzelfall dar. Alle Angaben erfolgen ohne Gewähr auf Vollständigkeit, Richtigkeit und Aktualität. Gesetzeslagen und kommunalrechtliche Regelungen können sich ändern oder regional abweichen. Die Anwendung der Inhalte erfolgt in eigener Verantwortung.

Der Autor übernimmt keine Haftung für eventuelle Schäden oder Nachteile, die aus der Umsetzung der beschriebenen Inhalte entstehen könnten.

Alle genannten Institutionen, Personen oder Beispiele dienen ausschließlich der Veranschaulichung. Eine Nennung bedeutet keine Bewertung, Gleichsetzung oder Verbindung mit tatsächlichen Vorgängen oder Personen, sofern nicht ausdrücklich anders kenntlich gemacht.

Kontakt:
Bei inhaltlichen Rückfragen, Anregungen oder dem Wunsch nach Austausch zu kommunalpolitischen Themen erreichen Sie den Autor unter:
Frank Kemper
Schmelztalstraße 6
53809 Ruppichteroth
E-Mail: FrankKemper@Web.de

Impressum

Autor: Frank Kemper
Schmelztalstraße 6
53809 Ruppichteroth
Deutschland
E-Mail: FrankKemper@Web.de

Verantwortlich für den Inhalt gemäß § 18 Abs. 2 MStV:
Frank Kemper, Schmelztalstraße 6, 53809 Ruppichteroth

© 2025 Frank Kemper
ISBN: 978-3-8192-9717-5

Auflage, Mai 2025

Verlag:
BoD · Books on Demand GmbH,
Überseering 33, 22297 Hamburg,
bod@bod.de
Druck:
Libri Plureos GmbH,
Friedensallee 273,
22763 Hamburg